UNSERE KÖSTLICHE
HEIMAT

UNSERE KÖSTLICHE
HEIMAT

Eine *kulinarische Reise* durch
Sachsen, Thüringen
und Sachsen-Anhalt

BuchVerlag
für die Frau

Inhalt

Sachsen-Anhalt

Magdeburg

Leipzig

Erfurt

Dresden

Über den Geschmack von Heimat

Mitteldeutschland hat viel zu bieten: Geschichte und Geschichten, Landschaft und Natur, Kultur und Entdeckenswertes und natürlich die vielfältige, bodenständige Küche von Thüringen, Sachsen und Sachsen-Anhalt. Das dachte sich auch Alexander Zimmeck, langjähriger Redakteur beim Mitteldeutschen Rundfunk, und rief 2008 mit der Sendereihe „Unsere köstliche Heimat" eine unterhaltsame kulinarische Entdeckungsreise ins Leben. Bei diesen TV-Dokumentationen nahm (und nimmt) der MDR seine Zuschauer mit auf eine abwechslungsreiche Tour von den Höhenzügen des Thüringer Waldes in die quirligen Städte Sachsens und die reizvollen Landschaften der Lausitz, in die fruchtbaren Ebenen der Börde und die rauen Höhen des Harzes. Dabei besuchte Alexander Zimmeck mit seinem Redaktionsteam nicht nur Orte und Landschaften. Auf und neben den touristischen Pfaden entdeckten sie gastfreundliche und traditionsbewusste Bewohner, die sich mit den Besonderheiten ihrer Gegend bestens auskennen und mit Sachverstand und eben jener Liebe, die sprichwörtlich durch den Magen geht, die regionale Küche zum Leben erwecken.

In über zehn Jahren kamen mehr als 50 Sendungen zusammen, die mancherlei von der Mentalität der Thüringer und Sachsen und selbstverständlich der Anhalter preisgeben und zugleich einen abwechslungsreichen Blick in die Töpfe dieser drei Länder ermöglichen. Natürlich ist das Eine oder Andere dabei, das sich am heimischen Herd nicht einfach eins zu eins nachkochen lässt. Da braucht es schon mal einen professionellen Wildhändler oder Fischer, wenn es um gutes Wildfleisch oder den Silvesterkarpfen geht. Und manchmal schmeckt es am besten, wenn in Mengen gekocht wird, die über Familienportionen hinausgehen. Trotzdem: Die Teams des MDR entdeckten Vielerlei, das lohnt ausprobiert zu werden. Viele der Rezepte punkten nicht nur mit regionalen Zutaten, sie werden schon seit Generationen weitergegeben und können mit Fug und Recht in die Kategorie *kulturelles Erbe* eingeordnet werden. Was gut zu wissen, aber besser zu schmecken ist! Wer das tägliche Einerlei auf dem heimischen Teller bereichern möchte, findet hier von deftiger Fleischkost bis zu leckeren süßen Schlemmereien mit Sicherheit das Richtige.

Probieren Sie es aus.
Wir wünschen Guten Appetit.

Sachsen

Oberwiesenthaler Pilzträume

Jeden Morgen öffnen Antje und Frank Weber ihre Gaststätte in Oberwiesenthal: das „Café König". Die Großeltern der heutigen Inhaber bewiesen mit dem Start im Jahr 1925 einen ausgeprägten Geschäftssinn, denn seit der Einweihung der Seilschwebebahn im Jahr 1924 riss der Besucherstrom nicht mehr ab. Gern ließen sich Einheimische und Besucher von selbstgebackenem Kuchen und Torten verführen, auch viel Prominenz aus Wirtschaft, Politik, Sport, Kultur und Medien kam. Das ist heute nicht anders als vor fast 100 Jahren.

Das Haus, direkt am Skihang gelegen, punktet nicht nur mit dem herrlichen Blick auf den höchsten Gipfel Sachsens, den 1215 m hohen Fichtelberg, sondern vor allem mit den Gaumenfreuden, die es bietet. Die Gäste gehen gern der Frage nach, wie das Erzgebirge wohl *schmeckt*. Konditorin Antje Weber hat die Antwort scheinbar gefunden und die „Erzgebirgstorte" kreiert: schokoladiger Mandelmürbteig mit Preiselbeeren, gekrönt von Waldmeister- und Vogelbeergeistsahne. Nicht zu süß und einfach unwiderstehlich. Doch all

jene, die keine Lust auf Süßes haben, finden im „Café König" auch deftige erzgebirgische Gerichte. Zum Angebot der Küche gehören zum Beispiel Wild- und Pilzgerichte wie die traditionelle „*Schwammepfann* mit *Raacher Maad*".

Dafür ist Roswitha Richter eigens aus Dresden ins Erzgebirge, ihre alte Heimat, gekommen. Die aus Schlesien stammende, leidenschaftliche Gastronomin sammelte ihre ersten Erfahrungen als Kellnerin im „Fichtelberghaus". Doch das besondere Flair Oberwiesenthals verlockte sie schon zu DDR-Zeiten, hier ihr „Grillstübl" zu eröffnen. Und ihr Herz hängt noch immer an dem erzgebirgischen Wintersportort. Daher ist sie der Einladung der Webers gern gefolgt. Wenn eine weiß, wie das geht mit der Schwammepfann und den Raacher Maad – dann sie.

Pilze sind ja im Erzgebirge an sich schon kein Problem. Und dann gibt es noch die Pilzzucht von Roland Münzner in Reitzenhain. Über 100 Angestellte hat der Selfmademan Münzner, der schon vor der „Wende" mit Pilzen handelte. Bei ihm wachsen nicht nur Champignons,

sondern mancherlei, was mit exotischen Namen lockt: brasilianische Mandelpilze, Flamingo- und Limonenseitlinge, Judasohr und Igelstachelbart. Alles, was Roswitha Richter und ihre Helfer nicht beim Pilzesammeln fanden, ergänzt sie im Hofladen der Pilzzucht mit fachkundiger Hilfe Münzners. Dann schreiten die Frauen in der Küche des „Café König" zur Tat. Zuerst die Schwammepfann. Eine klassische Pilzpfanne, wie man sie im Erzgebirge seit jeher zubereitet.

Dazu soll es „Raacher Maad" (rauhes oder rauchendes Mädchen) geben, eine weitere regionale Spezialität.

Jede Erzgebirgsregion kennt hierfür eine eigene Variante, Rezepte gibt es wahrscheinlich so viele wie Schreibvarianten. Nur die Zubereitung ist immer gleich. Die Raacher Maad werden nur auf einer Seite gebacken. Dabei darf der Teig aus gekochten und geriebenen Kartoffeln nicht anbrennen – sonst *fängt's a weng' ze rauche a.*

(MDR)-Sendung **„Pilzträume"** mit
Antje und Frank Weber,
Oberwiesenthal,
Roswitha Richter, Dresden

Blick auf Oberwiesenthal

Raacher Maad

Zutaten für 4 Personen

1,5 kg Kartoffeln, vorwiegend festkochend

Salz, 75 g Leinöl

50 g Butter und einige Butterflöckchen

Kartoffeln kochen, schälen und ausgekühlt auf einer Reibe in grobe Stifte reiben, mit Salz abschmecken. Das Leinöl in der Pfanne erhitzen, Butter zugeben. Die Kartoffelmasse etwa einen Zentimeter dick in die Pfanne mit dem heißen Fett drücken und einseitig backen. Sobald die Masse knusprig braun ist, mit der gebratenen Seite nach oben auf Teller stürzen und mit Butterflöckchen besetzt heiß servieren.

Tipp

Wer nicht unbedingt Wert auf die vegetarische Variante legt, kann die Pilzpfanne mit Zwiebel- und Speckwürfeln anbraten und auch bei den Raacher Maad ausgelassene Speckwürfel zur Kartoffelmasse geben.

Schwammepfann

Zutaten für 4 Personen

1 Zwiebel, 2 – 3 EL Öl

600 g gemischte Waldpilze

Salz, Pfeffer

250 ml trockener Weißwein

250 ml Gemüsebrühe

2 EL Mehl, 4 EL Sahne

1/2 Bund Petersilie

Zwiebel schälen und feinhacken. Das Öl in einer ausreichend großen Pfanne erhitzen. Die Zwiebel darin andünsten und Farbe nehmen, aber nicht braun werden lassen.
Die Pilze putzen, gründlich bürsten und kleinschneiden. Anschließend Pilze in die Pfanne geben und mit der Zwiebel **5 Minuten** dünsten. Dann Wein und Brühe zugeben und alles weitere **10 Minuten** garen.

Das Mehl mit der Sahne verrühren und die Pilzpfanne damit andicken. Anschließend mit Salz und Pfeffer abschmecken. Vor dem Anrichten mit gehackter Petersilie bestreuen.

Das Neunerlei – der erzgebirgische Weihnachtsklassiker

Das Erzgebirge ist Deutschlands Weihnachtsland schlechthin; der Ort alter Bräuche, der Bergparaden und Schwibbögen. Auch bei den Schneiders aus Zwönitz hat der Weihnachtstag seine festen Regeln. Nach der Weihnachtsgeschichte wartet ein opulentes Mahl auf die elfköpfige Familie: Das Neunerlei oder Neinerlaa, wie der Erzgebirger sagt. Immer am Weihnachtstag kommen genau neun symbolträchtige Speisen auf den Tisch, von denen jede ihre eigene Bedeutung hat. So steht die Bratwurst für Herzlichkeit und Kraft und Sauerkraut dafür, dass einem das Leben nicht sauer wird. Hirse oder Linsen versprechen stets Kleingeld in der Geldbörse und Klöße, Karpfen und Hering sorgen für das große Geld. Gans und Schwein sollen Glück bringen genau wie Pilze oder Rote Bete, das unverzichtbare Kompott steht für Lebensfreude und die Semmelmilch für Gesundheit. Mit Stroh unter der Tischdecke, Kleingeld unter dem Teller und dem zusätzlichen Gedeck für einen fremden Gast gehören zum Neunerlei zahlreiche weitere Bräuche. Wer während des Essens aufsteht, muss damit rechnen, im kommenden Jahr bestohlen zu werden. Daher bleiben alle am Tisch, bis die Tafel aufgehoben wird. Was vom Festmahl übrig ist, wird am 1. Weihnachtstag gegessen. Auch ist es üblich, dass Salz und Brot ins Tischtuch eingewickelt werden und über Nacht liegenbleiben.

Ein Festessen also, das genauen Vorgaben folgt und Frau Schneider Organisationsgeschick abverlangt. So ein Mahl muss akribisch vorbereitet werden. Die Zubereitung des Neunerlei dauert zwei Tage. Als erstes bearbeitet Birgit Schneider das Wurzelgemüse: Sellerie und Rote Bete. Währenddessen ist Opa Uwe Schneider, früherer Bürgermeister von Zwönitz, mit den Männern der Familie unterwegs, um einen gut gewachsenen Weihnachtsbaum zu organisieren. Zum eingespielten Team gehören auch die Enkel Christoph und Till. Für die Schneiders bedeutet Familie alles. Verständlich, dass sich Uwe Schneider auf den Abend freut, wenn alle zusammenkommen. Er hat

Spielzeugland Erzgebirge (Neuhausen)

Rathaus Zwönitz

zwei Söhne, die in Zwönitz leben. Einer von ihnen ist Tom, der Leiter des Stadtbauhofs. Auch in der Nacht vor Weihnachten müssen die Straßen befahrbar sein. Gar nicht so leicht im recht schneesicheren Erzgebirge. Doch selbst die größte Schneewehe kann ihn nicht davon abhalten, am 24. Dezember pünktlich um 18 Uhr zu Hause zu sein.

Im Schneiderschen Haus sind die Vorbereitungen noch immer in vollem Gange. Der Baum wird geschmückt, die Festtafel gedeckt. Natürlich wird ein 12. Gedeck aufgelegt. Oma Schneider hat die drei jungen Damen des Hauses im Blick und fest im Griff.

Die einzelnen Gänge sind auch fast fertig. Traditionell kommt die Hirsesuppe als erstes auf den Tisch. Dann folgen Gänseklein, Fischsalat und die Bratwurst vom Schwein. Danach die Gans und der Fisch. Dazu Wurzelgemüse, Kartoffeln und Kraut. Als Nachtisch ein Kompott und Semmelmilch. Fertig ist das Neunerlei.

Die nachfolgenden Rezepte entnahmen wir dem Kochbuch „Die besten Rezepte aus dem Erzgebirge" von Regina Röhner, erschienen 2016 im BuchVerlag für die Frau, Leipzig. Weitere Traditionsrezepte wie Gänsebraten oder Karpfen finden Sie ebenfalls dort.

(MDR)-Sendung **„Das Neunerlei"** mit
Birgit und Uwe Schneider, Zwönitz

Braune Linsen

Zutaten für 4 bis 8 Personen

250 g braune Linsen (Tellerlinsen)

40 g Soßenlebkuchen

1 l Rinderbrühe

4 EL Pflaumenmus

50 – 60 g magerer Bauchspeck

Salz, Essig, Pfeffer

Die Linsen in 3/4 Liter Wasser ansetzen (man kann sie auch einige Stunden darin weichen lassen) und langsam garkochen. Den Soßenlebkuchen zerbröseln und in ca. 6 EL Rinderbrühe einweichen. Nach etwa **45 Minuten**, wenn das Wasser in den Linsen fast aufgebraucht ist, die gesamte Brühe angießen. Soßenlebkuchen und Pflaumenmus unterrühren und gut durchkochen.

Den Speck in feine Würfelchen schneiden, braten und zu den Linsen geben. Mit Salz, Essig und Pfeffer abschmecken.

Hirse mit Bratwurst

Zutaten für 4 bis 8 Personen

200 g Bio-Hirse

2 Zwiebeln oder Schalotten

1 Möhre

30 – 40 g Räucherspeck

1 EL Butter, Salz, Pfeffer

Bratöl oder Butterschmalz

4 große Bratwürste

Die Hirse mit 1 Liter kochendem Wasser kurz überbrühen (**1 bis 2 Minuten**). Das Wasser abgießen. In 1/2 Liter frischem Wasser **12 bis 15 Minuten** köcheln. Am Herdrand noch ausquellen lassen. Die Zwiebeln häuten und würfeln. Die Möhre schälen, erst in Scheiben, dann in feine Stifte schneiden. Den Speck würfeln und in einer Pfanne auslassen, die Zwiebelwürfelchen und Möhrenstifte dazugeben. Goldbraun anrösten. Das Speckgemüse und 1 EL Butter unter die Hirse mengen. Mit Salz und Pfeffer abschmecken.

Zwischendurch die Würste in einer Pfanne in etwas Butterschmalz oder Bratöl knusprig braten.

Je eine Portion Hirse auf dem Teller anrichten, mit der Bratwurst belegen. Je nach Geschmack noch mit etwas Bratfett beträufeln.

Rote Bete

Zutaten für 4 bis 8 Personen

600 g Rote Bete
(kleine bis mittlere Knollen)

60 ml Rotweinessig, 1/2 TL Pfefferkörner

1 TL Kümmel, Salz, Pfeffer

1/2 TL Korianderkörner

3 EL Leinöl oder Rapsöl, 2 EL Meerrettich

Die Rote Bete mit 40 ml Rotweinessig, Gewürzen und etwas Salz in so viel Wasser kochen, dass sie gerade bedeckt sind. Die Gare am besten mit einem Holzstäbchen oder einer Rouladennadel prüfen. Die erkalteten roten Rüben schälen und in Stücke oder Scheiben schneiden und mit dem restlichen Rotweinessig, Salz, Pfeffer und Öl marinieren. **2 bis 3 Stunden** durchziehen lassen. Mit frisch geriebenem Meerrettich servieren.

Heringssalat

Zutaten für 4 bis 6 Personen

4 Salzheringe

2 Zwiebeln, 2 Äpfel

2 – 3 eingelegte Gurken aus dem Glas

2 – 3 EL Öl, 1 – 2 TL Weinessig

Pfeffer oder Piment

Salzheringe waschen, mindestens **24 Stunden** einweichen. Filetieren, häuten, in Häppchen schneiden, mit Zwiebel-, Apfel- und Gurkenstückchen vermengen und mit Öl und etwas Essig marinieren. Je nach Geschmack noch mit Pfeffer oder Piment abschmecken.

Tipp

Öl und Essig können durch saure Sahne ersetzt werden.

Semmelmilch

Warme oder auch kalte Milch über (geröstete) mit Zimt und Zucker bestreute Weißbrot- oder Semmelwürfel gießen. Vor dem Servieren die Semmelmilch mit gehackten Haselnüssen oder mit gerösteten Mandelsplittern bestreuen.

Huthaer Seelenwärmer: die Holundersuppe

Im Erzgebirge sind die Winter streng und kalt. Dem begegnet man am besten mit Wärme und Vitaminen. Im kleinen Landhotel „Zur Ofenschenke" in Hutha gibt es daher jeden Winter einen hausgemachten Klassiker: Holundersuppe. Die wärmt und belebt die Lebensgeister.

Mit dem Gasthof haben sich Dina und Jürgen Walther einen Traum erfüllt. Eigenhändig und ohne fremde Mittel restaurierte die Familie das baufällige Gehöft. So entstand ein Ort zum Leben und Arbeiten, mit ganz individuellem Charakter. Die Aufgaben haben sich die beiden Quereinsteiger nach ihren persönlichen Vorlieben geteilt: Sie betreut die Gäste, sein Revier ist die Küche. Und auch dort geht es individuell zu. Gekocht wird alles frisch, ohne Technik in der Küche, ohne Fritteuse, ohne Dämpfer. Jürgen Walther setzt auf die klassischen Gerichte der regionalen Küche, wie zum Beispiel die Holundersuppe.

Die bekam er als Kind von seiner Mutter Irene, und sie ist nach wie vor für den Holundersaft zuständig. Es ist eine alte Weisheit, dass die beste Holundersuppe nur so gut sein kann wie der Saft, aus dem sie gekocht wird. Die dunklen Beeren wachsen im Erzgebirge überall. Bei

Gasthaus „Zur Ofenschenke"

den Walthers direkt vor der Tür. Ungekocht sollte man sie jedoch nicht essen, so verlockend sie auch aussehen mögen. Sie enthalten Sambunigrin und sind roh leicht giftig. Das ändert sich erst beim Erhitzen ab ca. 80 °C. Also die Beeren sammeln und zu Saft oder Gelee verarbeiten. Zu welcher Zeit der Holunder reif

und im kühlen Keller gelagert. Im Winter kann man sich die Vitamine dann einfach aus dem Glas holen.

So wie Jürgen Walther. Mutters Holundersaft ist genau die richtige Basis für seine Suppe. Die geht schnell. Zuerst den Saft abschmecken, er sollte nicht zu dick sein. Manche mögen den herben Geschmack, aber er ist nicht jedermanns Sache. In diesem Fall wird mit etwas Wasser verdünnt. Trotzdem soll die Suppe schön sämig sein. Im Landhotel „Zur Ofenschenke" kommt hierfür Vanillepudding zum Einsatz.

wird, lässt sich nie exakt sagen. Das hängt vom Wetter ab und der Anzahl der Sonnenstunden, meist irgendwann im September. Das Pflücken ist der schnellste Teil der Arbeit. Dann müssen die Beeren entstielt werden. Und das ist schon aufwändiger. Erst danach kommt der gute alte Dampf-Entsafter zum Einsatz. Ein Eimer Beeren ergibt ungefähr zwei bis drei Liter Saft – ein Vitaminspender ganz ohne künstliche Aromen und Zusatzstoffe. Der Saft wird in Flaschen abgefüllt

Worauf es noch ankommt? Auf die richtige Temperatur. Die Suppe darf nicht zu stark und lange kochen, der Vitamine wegen. Vielleicht zu guter Letzt etwas nachsüßen. Alles in allem ist es ein schnell zubereiteter Genuss.

(MDR)-Sendung **„Die Holundersuppe"** mit
Dina und Jürgen Walther, „Zur Ofenschenke", Hutha, Pfaffroda

Holundersuppe

Zutaten für 4 Personen

0,7 l Holundersaft (Direktsaft)

1 Pck. Puddingpulver Vanille
(alternativ Stärkemehl)

ca. 4 EL Zucker

Sahne

Zwieback

Den Saft je nach Geschmack mit 400 ml Wasser verdünnen. Mag man es herber und kräftiger, dann ist entsprechend weniger Wasser zu nehmen.

2 Esslöffel Puddingpulver oder Kartoffelstärke kalt einrühren. Zunächst sparsam dosieren und eventuell später noch etwas hinzufügen. Die Suppe wird sonst zu dickflüssig. Anschließend den Zucker hinzugeben. Auch hier gilt: Wer es herber bevorzugt, nimmt entsprechend weniger Zucker. Den Topf mit der kalten Suppe langsam erhitzen, kurz aufkochen lassen, fertig. Die Suppe sollte nach dem Aufkochen eine leicht sämige Konsistenz haben.

Kurz vor dem Verzehr einen Schuss Sahne hinzugeben und mit Zwieback servieren.

Die Brotsuppe im Brotlaib, eine Wiesenbader Spezialität

Von der B 95 in Richtung Annaberg zweigt hinter Ehrenfriedersdorf nach links eine Straße ab, die nach Wolkenstein führt. Ungefähr auf halber Strecke steht das Gasthaus „Kalter Muff". Hier bietet sich ein Panoramablick aufs Erzgebirge, der seinesgleichen sucht. Und hier, auf der Franzenshöhe, empfängt Familie Hilitzer ihre Gäste.

Der Service ist Männersache, in der Küche hat Chefin Ines das Sagen. Mit etwas Glück schaut man gerade dann vorbei, wenn die berühmte Erzgebirgische Brotsuppe auf der Karte steht. Brotsuppe heißt im „Kalten Muff" eine im Brotlaib servierte Pilzsuppe, zu der ein kleiner Kloß gereicht wird.

Ein altes Rezept aus der Region, passend zur langen Geschichte des Hauses. 1859 gebaut, war es für mehr als ein Jahrhundert eine beliebte Einkehr, auch wenn – oder vielleicht gerade weil – es in seinen frühen Zeiten den Beinamen *Vagabundenwinkelschänke* bekam. Die einsame Lage auf der Höhe bot eben allerlei Vorteile,

und die Ordnungshüter kamen nur selten herauf. In den 1970er Jahren war es dann vorbei mit der Gastlichkeit. Von da an stand das Haus fast 20 Jahre leer und kämpfte mit dem Verfall.

1998 kauften es die Hilitzers, um darin zu wohnen. Erst als ihnen klar wurde, welche Geschichte in „ihrem" Haus steckt und wie beliebt es in der Region war, begannen sie, es peu à peu wieder zur Gaststätte auszubauen. Heute ist sie erneut Treffpunkt der Einheimischen und beliebter Stopp für Wanderer und Ausflügler. Diese lockt neben der unbezahlbaren Aussicht auch die Neugier wegen des eigentümlichen Namens. Was, bitte, ist ein *kalter Muff*?

Eines Nachts, in längst vergangenen Zeiten, soll es sich zugetragen haben. Spät, als alle Zimmer im Gasthaus längst belegt waren, traf noch ein Reisender ein. Die Wirtin wollte ihn nicht abweisen und bereitete ihm aus Decken und Kissen und allem, was sich so fand im Haus, auf der Ofenbank eine Schlafstatt. Unter

Thermalbad Wiesenbad

den Dingen, die sie herbeiholte, war auch ein *Filzmuff*. Doch die Nacht war bitterkalt und der Ofen ging beizeiten aus. Als der Reisende am Morgen weiterzog, schrieb er mit Kreide an die Tür: *Vielen Dank, aber der Muff war trotzdem kalt.* Bevor die Wirtin die Botschaft entdeckte, hatte die Kunde, dass ihre Einkehr ein *kalter Muff* sei, schon die Runde gemacht. Die Hilitzers stehen zu den Traditionen ihres Hauses, nicht nur, was den Namen des Gasthauses angeht. Auch die Brotsuppe passt ins Bild. Ein durch und durch regionales Gericht. Die Suppe, *Schwammesupp*, wie man im Erzgebirge sagt, wird fleischlos,

mit reiner Gemüsebrühe zubereitet. So kommen selbst Vegetarier zu ihrem Recht. Die Pilze wachsen zudem vor der Haustür. Ab Mitte August schnappt sich jedes Familienmitglied in der Früh einen Pilzkorb und durchstreift die *Schwammestraße*. Jeder hat so seine Stellen. Der Name kommt schließlich nicht von ungefähr. Es fällt leicht, seinen Korb zu füllen, Maronen und Steinpilze bevorzugt. Die reiche Ausbeute wird für die pilzarme Zeit getrocknet. Champignons bekommt man zwar immer und die passen auch zur Suppe. Aber erst mit Waldpilzen wird sie perfekt: Pilze, Kräuter, Kartoffeln – oder wie im Gasthaus „Kalter Muff" ein Knödel – und das Brot, schon ist die Spezialität fertig. Sehr zu empfehlen. Dazu einen *Vogelbeerpunsch* aus Lauter und bei den Gästen bleiben keine Wünsche offen.

Im Gasthaus „Kalter Muff" wird die Suppe in kleinen runden Broten serviert, dazu gibt es einen Kartoffelknödel. In der heimischen Küche kommen Kartoffelstückchen in die Suppe und alles wird in einer Suppenschüssel mit frischem Brot serviert.

(MDR)-Sendung **„Die Brotsuppe"** mit
Familie Hilitzer, Gasthaus „Kalter Muff", Thermalbad Wiesenbad (Neundorf)

Erzgebirgische Pilzsuppe (Brotsuppe)

Zutaten für 4 Personen

500 – 800 g frische Waldpilze
(Maronen, Steinpilze, ersatzweise
Champignons)

3 EL getrocknete Steinpilze

2 Knoblauchzehen, 1 – 2 rote Zwiebeln

2 EL Öl, 3 EL Butter

500 g Kartoffeln

1/2 Bund Thymian

Salz, Pfeffer, Muskat

1 l Gemüsebrühe, 2 EL saure Sahne

1 – 2 EL Zitronensaft, etwas Zucker

1 Bund Petersilie, 4 Scheiben Brot

Die frischen Pilze trocken putzen und in mundgerechte Stücke schneiden. Die getrockneten Steinpilze einweichen und quellen lassen. Inzwischen die Knoblauchzehen abziehen und Zwiebeln schälen, dann in kleine Würfel schneiden. Öl langsam erhitzen, dabei 1 EL Butter mit schmelzen lassen. Zuerst die Zwiebelwürfel andünsten; wenn sie glasig sind, den Knoblauch zugeben und weitere **5 Minuten** braten. Weder Zwiebel noch Knoblauch dürfen zu dunkel werden. Dann die frischen Pilze zugeben und mitrösten, dabei ab und zu umrühren. Während sie braten, die Kartoffeln waschen und in der Schale weichkochen.

Nach ca. **20 Minuten** die eingeweichten Pilze durch ein feines Sieb abgießen, das Pilzwasser auffangen. Die Steinpilze zum Suppenansatz geben, Thymianzweige darauf verteilen, alles mit Pilzwasser ablöschen. Das gibt einen kräftigen Geschmack. Dann mit Gemüsebrühe aufgießen und weitere **10 Minuten** köcheln lassen.

Die Kartoffeln abgießen, schälen und in kleine Würfel schneiden. Die restliche Butter in einer Pfanne zerlassen, die Kartoffelwürfel darin rösten.

Thymianzweige entfernen und die Suppe mit Salz, Pfeffer und Zitronensaft sowie einer Prise Zucker abschmecken. Saure Sahne unterrühren.

Dann die Kartoffelwürfel zur Suppe geben. Während sie noch einige Minuten zieht, die Petersilie waschen, trockenschütteln und kleinhacken. Die Brotscheiben rösten. Suppe auf kleine Schüsseln verteilen, reichlich mit Petersilie bestreuen und mit dem gerösteten Brot servieren.

Tipp

Wer die Mühe nicht scheut, kann für die Suppe aus Brotteig kleine Tassen backen. Mit fertiger Backmischung für ein Bauern- oder Roggenbrot ist das relativ einfach. Rezepte aller Schwierigkeitsstufen findet man im Internet. Wer es stilecht, aber weniger aufwändig möchte, wird ebenfalls dort fündig. Es gibt einige Produzenten, die Brottassen anbieten.

Das Osterlamm im Römertopf

Wiesen, Felder, bewaldete Hügel, im Süden und Südosten ansteigende Mittelgebirge und im Osten schon Teile des Erzgebirges – das alles hat das Vogtland zu bieten, in das sich Bayern, Thüringen, Sachsen und Böhmen teilen. Viele kennen die Brücken, die im nördlichen Hügelland die Flusstäler überspannen, vor allem natürlich die eindrucksvolle Göltzschtalbrücke. Sie ist die größte Ziegelsteinbrücke der Welt und bis heute eine wichtige Eisenbahnbrücke auf der Strecke Dresden – Nürnberg.

Was hingegen die wenigsten wissen, ist, dass das Vogtland als eine der vulkanisch aktivsten Zonen Mitteleuropas gilt. Den heißen Quellen verdanken die Orte Bad Elster und Bad Brambach ihren Ruf als Kurstädte und auch Marienbad, Franzensbad und Karlsbad auf der tschechisch-böhmischen Seite profitieren davon. Aber nicht nur Eisenbahnromantiker und Kurgäste schwärmen vom Vogtland. Hier ist jederzeit eine kleine oder größere Zeitreise möglich! So kann man die Spuren vogtländischer Geschichte vom frühen Mittelalter übers Hochmittelalter bis in die Zeit des Klassizismus erkunden. Dabei kommt man auch an sage und schreibe 26 Rittergütern vorbei. Einige von ihnen sind bis heute landwirtschaftliche Betriebe mit Wald, Ackerbau und Viehzucht wie Gut Neumark der Familie von Römer.

Auf diese Mischung legen die Eigentümer, die 1994 – trotz Aufrechterhaltung der Bodenreform nach der

Gut „Neumark"

Wende – ihren alten Besitz wieder übernahmen, besonderen Wert. Schließlich gilt es, eine 500-jährige Familientradition zu wahren. Und zu eben dieser Tradition gehören die Schafzucht und heute auch ein Ostermarkt mit Lämmerverkauf, Kunsthandwerk und vielen regiona-

len Produkten. Der wird jährlich am Sonntag vor Ostern (Palmsonntag) abgehalten. Das ist die Zeit, zu der die Lämmer der rund 500 Muttertiere am Hof anzutreffen sind, denn die restliche Zeit zieht die Herde von Weide zu Weide, so wie es Mutter Natur vorgesehen hat.

Es ist nicht verwunderlich, dass zu diesem Fest ein *Osterlamm* auf den Tisch kommt. Für den Lammbraten wird ein ausgewachsenes Lamm geschlachtet, heißt es doch, dessen Fleisch sei besonders zart und wohlschmeckend. Das Rezept der Gutsherrin hat ebenfalls Tradition:

geschmorter Lammbraten aus dem Römertopf – was auch sonst bei dem Namen. Und selbstverständlich wird mit frischen, regionalen Zutaten von benachbarten Höfen gekocht: Kartoffeln vom Nachbarn, der zwischen 30 und 40 zum Teil alte Sorten kultiviert, darunter eine seltene französische. Lauch, Möhren, Knoblauch, Kräuter ... höchstens der Ingwer stammt aus dem Supermarkt. Alles wird im Topf geschichtet und dann macht es sich fast von allein. Ein Festessen für Familie und Freunde, bei dem man nicht den ganzen Tag in der Küche steht.

(MDR)-Sendung **„Das Osterlamm im Römertopf"** mit
Familie von Römer, Gut Neumark

Die berühmte Göltzschtalbrücke

Osterlamm aus dem Römertopf

Zutaten für 4 bis 6 Personen

1 Lammschulter

3 Knoblauchzehen

1 Stück Ingwer, ca. 3 – 4 cm lang

Salz, Pfeffer

6 Stängel Thymian

500 ml Buttermilch

1/2 l trockener Weißwein

1 kg Kartoffeln

1 Bund Möhren

1 große Stange Lauch

5 kleine Zwiebeln oder Schalotten

Die Lammschulter vom Fleischer entbeinen, aber im Ganzen lassen. Das so vorbereitete Fleisch waschen und trockentupfen. Danach das Fleischstück mit den zerteilten Knoblauchzehen an verschiedenen Stellen spicken und in eine Schüssel legen. Anschließend salzen. Den Ingwer gründlich waschen (die Schale muss nicht abgeschnitten werden), kleinschneiden und auf das Fleisch legen, ebenso ein paar Zweige Thymian. Erst jetzt pfeffern. Mit der Buttermilch und der Hälfte des Weißweins auffüllen, so dass das Fleisch gut bedeckt ist. Alles im Kühlschrank bis zu einem Tag durchziehen lassen.

Am Tag der Zubereitung die Kartoffeln schälen und in nicht zu kleine Stücke schneiden. Möhren und Lauch putzen und in kleine Stücke oder Scheiben schneiden. Zwiebeln abziehen und in grobe Stücke teilen.
Zuerst von jeder Gemüsesorte die Hälfte in einen ausreichend großen Römertopf schichten. Das Fleisch aus der Marinade nehmen, abtupfen und in mehrere Stücke zerteilen. Diese auf dem Gemüse verteilen. Danach die zweite Hälfte Gemüse auf die Fleischstücke schichten. Bis zur Höhe des Fleisches vorsichtig den restlichen Wein aufgießen, eventuell mit Wasser auffüllen. Den Topf verschließen und in den nicht vorgeheizten Ofen schieben. Bei ca. *150 °C* Ober- und Unterhitze *1 Stunde* schmoren, danach die Temperatur auf *200 °C* erhöhen und *1 weitere Stunde* garen. Nach rund *2 Stunden* ist das Gericht fertig und wird gleich im Römertopf serviert.

Erzgebirgischer Buttermilch-Getzen vom Ölmüller

Einst gab es im erzgebirgischen Dörnthal sieben Mühlen. Übrig geblieben sind die beiden Mühlen der Familie Braun. Die hatte Großvater Gustav Braun Anfang des 20. Jahrhunderts gekauft und bis heute sind sie in Familienbesitz geblieben. Eine der beiden Mühlen klappert noch immer und presst tagfrisches Leinöl. Das wird bald gebraucht. Die andere, die ehemalige Getreidemühle, ist seit einigen Jahren ein Restaurant. Der Gastwirt Gunter Braun ist – wie sollte es anders sein – gelernter Müller, hat den Beruf eines Facharbeiters für Getreide und ... Die Bezeichnungen in der DDR hatten immer eine gewisse Länge. Braun jedenfalls spezialisierte sich auf Mühlenindustrie und hängte noch ein Studium an der Ingenieurschule für Getreidewirtschaft in Greiz dran.

All das hat er ums Jahr 2000 aufgegeben, um sich ganz seiner Leidenschaft zu widmen: dem *Mühlengasthof* und der regionalen Küche. In dieser haben *Buttermilchgetzen* ihren festen Platz, ein urtypisches, erzgebirgisches Gericht auf reiner Kartoffelbasis. Für zwei Portionen rechnet man hier rund ein Kilogramm Kartoffeln, ein Drittel gekocht, zwei Drittel roh. Woher der Name kommt, ist schwieriger zu erklären. Getzen ist in der Region auch ein Schimpfwort, nicht wirklich böse, aber auch keine Liebeserklärung: *Was hast du denn da wieder für 'nen Getzen gemacht!* Vielleicht irgendwas in die Pfanne geworfen und dann gesehen, was draus wird? Die zweite unverzichtbare Zutat für die erzgebirgischen Getzen holt sich Gunter Braun ganz frisch aus seiner Ölmühle. Seit 1650 wird in der Dörnthaler Ölmühle Leinsaat geschlagen. Leinöl ist im Erzgebirge seit Jahrhunderten ein Grundnahrungsmittel. Es hat einen nussigen Geschmack, ist sehr reich an Omega-3-Fettsäuren und gilt als Nahrung für Herz, Hirn und Zellen.

Doch zurück zum Getzenteig. Die gekochten Kartoffeln werden wie die rohen gerieben. Früher geschah das manuell, mit Muskelkraft, heute erledigt das eine elektrische Kü-

Gasthof „Braun Mühle"

Feld mit Lein (auch Flachs genannt)

chenfee. Eine halbe Zwiebel dazu und schon ist der Teig fertig. Fast! Denn der eigentliche Namensgeber fehlt noch. Die *Buttermilch* hat ihren Auftritt. Sie sorgt dafür, dass der Teig die richtige Konsistenz bekommt: weder Suppe noch Brei. Ein Mittelding, das Erfahrung und Fingerspitzengefühl braucht. Dann mit Salz und Pfeffer abschmecken. Und mit Kümmel. Ohne den geht in der erzgebirgischen Küche kaum etwas. Früher wuchs das Gewürz einfach am Feldrand. Da ist doch selbstverständlich, dass es im Erzgebirge verwendet wird. Der eigentliche Geschmacksbringer jedoch ist das *Leinöl.* Darin wird der Getzen gebacken, bis er richtig kross ist. Dann kann er auf die Teller. Süß oder herzhaft. Das ist eine reine Geschmacksfrage und festlegen lässt man sich in Sachen Getzen nicht gern. Die Erzgebirger sagen, es hängt ganz von der Uhrzeit ab oder von der Tagesform. Na dann, einfach schmecken lassen!

(MDR)-Sendung **„Der Ölmüller"** mit
Gunter und Christel Braun, „Braun Mühle", Dörnthal

Getzen mit Leinöl

Zutaten für 4 Personen

10 – 12 mittelgroße Kartoffeln

1 kleine Zwiebel

ca. 1/2 l Buttermilch

Kümmel, Salz

125 g Speck

Leinöl

Die rohen, geschälten Kartoffeln fein reiben, das austretende Wasser abgießen, die Stärke auffangen und an die Masse zurückgeben, kleingehackte Zwiebel zufügen. Buttermilch hinzugeben, bis eine dicke, aber noch flüssige Masse entsteht. Nach Geschmack Kümmel und Salz zugeben und gut verrühren.

In einer eisernen oder beschichteten Pfanne den grob geschnittenen Speck auslassen, Leinöl hinzugeben und erhitzen. Den Teig ca. 1,5 cm stark in die Pfanne geben und bei *180 °C* im vorgeheizten Backofen ca. *1 Stunde* goldgelb backen.

Der Buttermilchgetzen kann auch mit zwei Drittel rohen und einem Drittel gekochten Kartoffeln zubereitet werden.

Spargeleien aus Dresden und Umgebung

Im Landkreis Meißen, direkt am El-beradweg, liegt der kleine Ort Nie-schütz. Hier wächst der Deutschen liebstes Frühlingsgemüse: Spargel. Seit 1992 baut Arndt Heidig neben Getreide auch Bleichspargel an. Eine

arbeitsintensive Sache, die Erfah-rung braucht und viel Geduld. Bei ihm wächst der weiße Spargel unter Folien. Eine Seite schwarz, die ande-re weiß. Das ist wichtig für die Regu-lierung der Temperatur im Damm,

die zwischen 14 und 20 Grad liegen soll. Immer wenn es die Sonne im Frühjahr zu gut meint, wird es un-ter der schwarzen Folie wärmer, als für den Spargel gut ist. Wenn die Fie-derblätter an den Stangen drohen aufzublühen, ist es höchste Zeit, die Folie zu drehen. Weiße Seite nach oben, heißt es dann. Wird es kühler, kommt die schwarze Seite wieder zum Einsatz. Es ist also keine leich-te Sache mit der Spargelzucht. Auch die Ernte hat es in sich. Damit sie er-folgreich ist, braucht man bio-logis-tisches Know-how und zuverlässige Spargelstecher. Spargelbauer Heidig geht dabei keine Kompromisse ein. Seit einigen Jahren bekommt man in Nieschütz auch grünen Spargel. Der soll gesünder sein als sein bleicher Artgenosse – und das nur durchs Sonnenbaden. Doch der einzige Un-terschied liegt darin, dass der Grün-spargel nicht in Dämmen, sondern unter Lichteinfluss wächst. Dadurch bildet sich Chlorophyll in der Stan-ge, und sie wird grün. Doch einerlei, ob weißer oder grü-ner Spargel, frisch muss er sein. Um

das zu gewährleisten, braucht es kurze Wege vom Produzenten zum Verbraucher. Das ist der Hauptgrund dafür, dass der Spargel in Nieschütz ausschließlich im Direktverkauf vermarktet wird. Ein unschlagbarer Vorteil regionaler Produkte.

Einer, der die Nieschützer Qualität besonders schätzt, ist Profikoch Daniel Fischer. Für sein Restaurant in der Dresdner Neustadt plant er ein *Dreierlei vom Spargel*: ein Appetizer aus gefülltem rohen Spargel, garniert mit Bärlauchblüten, eine Spargelsuppe sowie Stangenspargel, serviert mit Sauce Hollandaise und Schinken.

Der *Schinken* ist ebenso regional wie der Spargel, etwas ganz Besonderes: Schinken vom Meißner Schwein, leicht geräuchert. Da schmeckt sogar das Fett am äußeren Rand.

Die alte Haustierrasse züchtet Familie Ilschner nicht weit von Meißen entfernt, in Niederau.

Ilschners betreiben Zucht und Mast nebenberuflich, aus Überzeugung. Für sie fängt gute Fleischqualität schon bei der Ernährung der Tiere an. Ihre Schweine bekommen Grünfutter mit Luzerne und Klee, die extra für sie angebaut werden, dazu Mais, auch Kürbis und manchmal sogar „Reste" vom Bäcker, altbacke-

Koch und Restaurantchef Daniel Fischer

ne Brötchen zum Beispiel. So werden die Tiere nicht schnell hochgemästet, ganz im Gegenteil, die verschiedenen Futterkomponenten garantieren, dass die Meißner Schweine langsam wachsen. Nur so sind richtig gute Schinken garantiert. Zudem muss jedes Meißner Schwein mit Herkunftsgarantie im Landkreis geboren und mit regionalem Futter versorgt worden sein. Ein weiteres Qualitätsmerkmal ist seine artgerechte Haltung. Wer möchte, kann sich bei den Ilschners in Niederau jederzeit von den Lebensbedingungen der Tiere überzeugen. Regional heißt schließlich auch, dass die Verbraucher wissen wollen, wie die Tiere groß werden, wie sie gehalten werden und wie sie am Ende auch verarbeitet werden.

(MDR)-Sendung **„Spargeleien"** mit
Daniel Fischer, Restaurant Daniel, Dresden

Gefüllter Spargel und Blattsalate

Zutaten für 4 Personen

4 Stangen weißer Spargel

1 Zitrone

Salz, Pfeffer

2 EL Olivenöl, Honig

200 g Schabefleisch

2 Beete Kresse

200 g Blattsalate (nach Belieben)

Den Spargel schälen, längs halbieren und aushöhlen. Die Zitrone auspressen. 50 % des Saftes, etwas Salz, Pfeffer und 4 cl Olivenöl mit dem Fleisch verrühren und mit Hilfe eines Spritzsackes in die Spargelstangen portionieren. Die andere Hälfte des Zitronensaftes mit 1 Esslöffel Honig verrühren, leicht salzen und mit dem restlichen Olivenöl aufmontieren. Zum Anrichten die Salate mit dem Dressing marinieren, mit Kresse bestreuen und zusammen mit dem Spargel anrichten.

Bunte Spargelsuppe

Zutaten für 4 Personen

4 Stangen weißer und grüner Spargel

2 Lauchzwiebeln

je 1/2 Stück gelbe und rote Karotte

40 g Butter, 400 ml Spargelfond

200 g Crème fraîche

100 g Kartoffelstampf, Salz, Kräuter

Den Spargel schräg in Scheiben schneiden, ebenso die Lauchzwiebeln, die Karotten am besten in kleine Stäbchen. Alle festen Zutaten in Butter farblos anschwitzen und mit dem Spargelfond ablöschen. Je nach Scheibenstärke und Belieben **2 bis 4 Minuten** kochen, dann die Crème fraîche einrühren und eventuell nachsalzen. Zum Anrichten den warmen Kartoffelstampf in die Tellermitte geben, die Suppenbestandteile gerecht verteilen, die Kräuter als kleinen Strauß in das Kartoffelhäufchen stecken und abschließend die frisch aufgeschäumte Suppe angießen.

Spargel mit Sauce Hollandaise, Kochschinken und Schnittlauchkartoffeln

Zutaten für 4 Personen

2 kg weißer Spargel

Salz, Zucker

800 g festkochende Kartoffeln

1 Bund Schnittlauch

5 Eigelb, Salz

200 g Butter

1/2 Flasche trockener Weißwein

400 g Kochschinken

Den geschälten Spargel ca. *10 – 15 Minuten* in kräftig mit Salz und Zucker versetztem Wasser am Siedepunkt halten, nicht sprudelnd kochen lassen.

Die geschälten Kartoffeln einfach nur weichkochen, in etwas Butter und dem fein geschnittenen Schnittlauch schwenken und leicht salzen.

Für die Hollandaise die Butter zerlassen. Die Eigelb mit dem Weißwein über Dampf schaumig schlagen. Wenn der Schaum eine geschmeidig feste Konsistenz hat, die Butter nach und nach einrühren. Notfalls etwas Wein nachgießen. Abschließend eventuell leicht salzen.

Zum Anrichten Spargel, Kartoffeln und Kochschinken dekorativ platzieren und mit einem Teil der Soße vollenden. Die übrige separat servieren.

Meißner Widder vom Ökodorf in der Lommatzscher Pflege

In der fruchtbaren Lommatzscher Pflege liegt das Dorf Auterwitz. Vor gut 20 Jahren trieb der Wind der Wende ein gutes Dutzend Gleichgesinnter in diesen Teil Sachsens. Alle kannten sich vom ehrenamtlichen Naturschutz der DDR. Auf einem Treffen in Dresden kam die Rede auf ein Dorf, dessen große Vierseit-Höfe leer standen. Ein traumhafter Ort, obwohl die Höfe zugemüllt und mit zwei Meter hohen Holunderbüschen zugewachsen waren. Die Gruppe beschloss, ihren Lebensmittelpunkt hierher zu verlegen und gemeinsam dem Ort neues Leben einzuhauchen: als Öko-Dorf. Unter den Enthusiasten war Anke Vogel mit ihrer Familie, eine studierte Landwirtin.

In den vergangenen fast zwei Jahrzehnten ist die Gemeinschaft gewachsen und hat ihre eigenen Traditionen oder besser gesagt, pflegt alte Traditionen auf ihre Art: das Maibaumsetzen, das Johannisfeuer, das Wintersonnenwendfeuer, und jedes Jahr am Reformationstag wird ein Apfelbaum gepflanzt. Nach dem Setzen des „Wunschapfelbaumes" wartet ein gemeinsames Abendessen. Dafür ist Anke Vogel zuständig. Obwohl hauptberuflich Landwirtin, ist sie in Auterwitz so etwas wie die Dorfköchin. Egal ob für öffentliche Veranstaltungen oder private, wenn viele Mägen satt werden sollen, wendet man sich an sie. Dass sie erst spät mit dem Kochen begonnen hat, genaugenommen erst in Auterwitz, lässt niemanden an ihrer Kompetenz zweifeln. Für das geplante Fest will sie ein Zwiebelkaninchen zubereiten. Das Rezept stammt noch aus Urgroßmutters Zeiten. Die Zutaten

Der Meißner Widder

sind moderner und kommen aus dem eigenen Dorf.

Der Majoran wächst im eigenen Garten ebenso wie Zitronenthymian, Salbei und Schnittpetersilie. Die Hauptdarsteller jedoch sind die Meißner Widder, eine besondere, weil alte Kaninchenrasse. Die wurde um 1900 erstmals gezüchtet, ist heute aber so selten, dass sie von der Gesellschaft zur Erhaltung alter und gefährdeter Haustierrassen als vom Aussterben bedroht auf die Rote Liste der gefährdeten Nutztierrassen gesetzt wurde. Die Tiere, die in die Pfanne sollen, kommen aus dem Stall der Köchin.

Dorf in der Lommatzscher Pflege

Gemüsegarten im Öko-Dorf

Seit Jahren züchtet man im Öko-Dorf nur gefährdete Rassen, die regional verankert sind, eine Frage der Verantwortung. Die Landwirtin ist sich sicher, dass Erhalten allein nicht genügt. Um Haustierrassen zu retten, müssen sie artgerecht gehalten werden, keine Massentierhaltung, gutes Futter, im Sommer Gras, das auf der Wiese wächst, im Winter das daraus getrocknete Heu ... Ihr wichtigstes Motto aber lautet: Erhalten durch Aufessen. Wenn eine Rasse gezüchtet und dann nicht verwertet wird, fragt sie auch niemand mehr nach, dann stirbt sie aus. Das Aufessen gehört bei Kaninchen nun mal dazu ... Das klingt logisch. Also landen die Meißner Widderkaninchen, zerlegt in Vorder-, Hinterläufe und Rücken, eingelegt in Buttermilch, mit Zwiebeln, Majoran und Salz in der Pfanne. Und Anke Vogel beweist, dass ihr Konzept „Erhalten mit Genuss" im Fall des Meißner Widders köstlich funktioniert.

(MDR)-Sendung **„Meißner Widder"** mit
Landwirtin Anke Vogel, Öko-Dorf Auterwitz, Lommatzscher Pflege

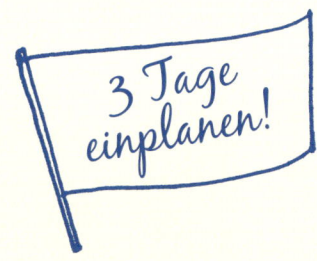

Buttermilch-Zwiebel-Kaninchen mit Wickelklößen

Zutaten für 4 Personen

für das Kaninchen:

6 große Zwiebeln

1 Kaninchen, ca. 2 kg, zerlegt in Läufe und Rücken

3 – 4 Stängel Majoran

Salz, Pfeffer

6 Becher (3 l) Buttermilch

Öl zum Anbraten

3 große Möhren

3 Knoblauchzehen

Weißweinessig zum Ablöschen

3 – 4 Stängel Zitronenthymian

Salbei

2 Fl. trockener Weißwein

1 EL Tomatenmark

1 EL Paprikamark

Zucker

2 Becher (400 ml) Sahne

für die Wickelklöße:

1 kg mehlig kochende Kartoffeln

1 Ei, Größe M

ca. 500 g Weizenmehl (Type 405)

3 EL Butter

100 g Semmelbrösel

Salz, Pfeffer

1 Bd. Blattpetersilie

Zuerst mit der Zubereitung des Kaninchens beginnen. Dafür die Zwiebeln schälen und grob zerkleinern. Das zerlegte Kaninchen von überflüssigem Fett befreien, salzen und pfeffern, mit Majoran sowie den Zwiebelstücken in einen großen Gefrierbeutel legen und mit so viel Buttermilch übergießen, dass das Fleisch bedeckt ist.

Alles drei Tage im Kühlschrank durchziehen lassen, dabei jeden Tag den Gefrierbeutel wenden.

Danach das Fleisch aus der Marinade nehmen und gut abtupfen. Die Kaninchenteile in einem Schmortopf in heißem Öl scharf anbraten. Dann das Fleisch wieder aus dem Topf nehmen.

Inzwischen Möhren und Knoblauch putzen bzw. schälen, grob zerteilen und im gleichen Topf wie zuvor das Fleisch anbraten. Die Zwiebeln aus der Marinade zugeben und ebenfalls kurz mit anbraten. Mit etwas Weißweinessig ablöschen. Thymian und einige Blättchen Salbei zugeben.

Das Fleisch zurück in den Topf legen, dabei auf dem Gemüse verteilen, die Buttermilch der Marinade zugeben und alles mit ausreichend Weißwein übergießen, sodass das Fleisch völlig bedeckt ist. Tomaten- und Paprikamark einrühren und etwas Zucker zum Karamellisieren darüber streuen. Das Kaninchen jetzt für rund *1,5 bis 2 Stunden* bei ca. *200 °C* im Ofen garen lassen. Eventuell etwas Wein oder Wasser nachgießen. Wenn das Fleisch weich ist, das Kaninchen aus dem Topf nehmen und warmstellen.

Tipp

Wer keinen Meißner Widder bekommt, kauft vom Händler seines Vertrauens ein Kaninchen aus artgerechter Haltung.

Für die Soße das weichgekochte Gemüse pürieren, wenn nötig mit etwas Mehl binden. Die Sahne zugeben und nochmals mit Salz und Pfeffer abschmecken.

Dazu werden *sächsische Wickelklöße* serviert. Hierfür die Kartoffeln schälen und unter fließendem Wasser waschen, unschöne Stellen entfernen. Die Kartoffeln je nach Größe halbieren oder vierteln und in reichlich Salzwasser sehr weich kochen. Dann die Kartoffeln abgießen, gut abtropfen und abdämpfen lassen.

Die ausgekühlten Kartoffeln durch die Kartoffelpresse geben oder sehr fein stampfen. Das Ei zugeben und in die Kartoffelmasse einarbeiten, den Teig mit Salz und Pfeffer würzen. Nun so viel Mehl einarbeiten, dass ein fester Teig entsteht. Die Masse nochmals zu einem glatten Teig verkneten.

Eine Pfanne erhitzen und die Butter darin schmelzen, sie soll heiß, aber nicht braun werden.
Die Semmelbrösel nach und nach zugeben und unter ständigem Rühren goldbraun rösten.

Dann die Pfanne von der Herdplatte ziehen, da die Brösel sonst schnell durch die Restwärme anbrennen.
Die Petersilie waschen, trockenschütteln und grob hacken.

Eine Arbeitsfläche mit etwas Mehl bestäuben und den Kartoffelteig darauf ca. 5 mm dick ausrollen. Den Teig mit den gerösteten Butterbröseln bestreichen und die Petersilie darauf verteilen.

Den Teig anschließend vorsichtig zu einer Roulade zusammenrollen, dann die Rolle in handtellerbreite Stücke schneiden und die Ränder gut festdrücken.

In einem großen Topf reichlich Salzwasser zum Kochen bringen. Die Wickelklöße einlegen und bei schwacher Hitze ziehen lassen, bis sie oben schwimmen. Das Wasser soll leicht wallen, darf aber nicht kochen.

Die fertigen Klöße aus dem Wasser heben, gut abtropfen lassen und heiß zum Kaninchen servieren. Dazu passt klassischer Apfelrotkohl.

Genuss mit Tradition:
Oberlausitzer Stupperle

Was für den Thüringer die Klöße, das sind für den Oberlausitzer die *Stupperle*. Das Wort ist klar, wenn man mehrere der Kartoffelklöße isst, dann *stuppt* das oder auf hochdeutsch: Es macht satt. Trotzdem erwarten die Stupperle Gesellschaft auf dem Teller, und die bekommen sie in Form von Blutwurst und Sauerkraut oder Gemüse. Oder – das ist der absolute Favorit von André Meyer – es gibt Stupperle mit Sauerkraut und Rindergulasch.

Der junge Mann weiß genau, was er will. Er war gerade 21 Jahre, als er Küchenchef im eigenen Gasthof wurde. Ein Traum, den Mutter und Sohn gemeinsam geträumt und verwirklicht haben. Was beide verbindet, ist eine tiefe Liebe für regionales Essen und das an einem Ort, der selbst regional bedeutsam ist: die „Beckenbergbaude" von Eibau.

Erst Windmühle, dann seit 1905 ein Ausflugslokal, zu DDR-Zeiten Betriebsgaststätte des VEB Herrenmode Dresden, danach wechseln die Pächter, bis Familie Meyer die Regie übernimmt.

Undine Meyer kümmert sich um den Service, ums Gestalten, die Atmosphäre. Und draußen werkelt ihr Mann, Meyer senior, eigentlich schon Rentner, der dennoch jeden Tag mit vor Ort ist. André Meyer weiß, dass er seinen Eltern viel zu verdanken hat – ohne ihre Unterstützung wäre manches nicht möglich. Die Küche aber ist tabu – dort lässt er sich nicht reinreden. Was gekocht wird, entscheidet er allein.

Die Lausitzer Küche ist bekannt für ihre Einfachheit – gegessen wird, was im Boden wächst. Und so steht die Kartoffel in allen Variationen auch bei den Meyers auf der Speisekarte.

Bauer Augustin ist Stammlieferant für André Meyers Stupperle. Seine Kartoffeln bringt er säckeweise. Das Fleisch fürs Gulasch kommt ebenfalls aus der Region.

Der Hofverkauf bei Familie Wobst ist auch ein fester Termin in André Meyers Kalender. Man kennt sich in dieser Gegend, in der es mehr Wiesen, Weiden und Kühe gibt als Menschen.

Dann hat André Meyer alles zusammen. Kartoffeln, Mehl, Eier von glücklichen Hühnern und Kartoffelstärke für die Stupperle, Rindfleisch

ge geknetet werden, damit er nicht zu fest wird. Fluffig sollen sie schon sein, diese Stupperle, die es wirklich nur in der Oberlausitz gibt.

Blick auf Eibau

bester Qualität und Schwarzbier für die besondere Note des Gulaschs. Der köchelt schon vor sich hin. Der Teig für die Stupperle ist noch in Arbeit. Der darf weder zu stark noch zu lan-

Für den jungen Chef der „Beckenbergbaude" ist wichtig, dass die Küche der Region lebendig bleibt und auch die nächste und übernächste Generation die Stupperle noch kennt. Nun, das scheint zu klappen … Man könnte jetzt fragen, wie es schmeckt – man kann aber auch einfach in die Gesichter schauen – diesseits und jenseits der Küchentür.

(MDR)-Sendung **„Das Stupperle"** mit
André Meyer,
„Beckenbergbaude", Eibau

Schwarzbier-Gulasch, Stupperle und Sauerkraut

Zutaten für 4 bis 6 Personen

für das Gulasch:

700 g Zwiebeln

50 g Schweineschmalz

700 g Rindergulasch

2 EL Paprikapulver, edelsüß

0,8 l Schwarzbier

2 – 3 Knoblauchzehen

Majoran, Kümmel, Salz, Pfeffer

für die Stupperle:

1 kg Kartoffeln

50 g Kartoffelstärke, 60 g Weizenmehl

1 – 2 Eier

Salz, Pfeffer, Muskat

für das Sauerkraut:

600 g Sauerkraut

4 EL Butter oder Griebenschmalz

Salz, Pfeffer, Kümmel

Für das Gulasch die Zwiebeln schälen, in Streifen schneiden und in heißem Schmalz andünsten. Die kräftig gewürzten Rindfleischstückchen zugeben, alles gut vermengen und bei mittlerer Hitze zugedeckt ziehen lassen. Dabei ab und an umrühren.

Wenn genügend Flüssigkeit ausgetreten ist, den Deckel abnehmen und die Bratflüssigkeit reduzieren, bis das Fleisch einen leichten Glanz bekommt. Jetzt das Paprikapulver über dem Fleisch verteilen und das Gulasch mit Schwarzbier auffüllen. Die Knoblauchzehen durch die Presse zum Fleisch geben und alles kräftig mit gerebeltem Majoran, Kümmel, Salz und Pfeffer würzen. Zugedeckt ca. *1 Stunde* schmoren lassen.

Inzwischen die mit der Schale gekochten, ausgekühlten Kartoffeln (am besten eignen sich kalte Pellkartoffeln vom Vortag) pellen und durch eine Kartoffelpresse drücken bzw. reiben. Die Kartoffelmasse mit den restlichen Zutaten vermengen und zu einer etwa 5 cm dicken Rolle formen. Von dieser finger- bis daumendicke Stücke abschneiden.
Die Stücke im kochenden Salzwasser garen, bis sie oben schwimmen – nicht kochen, nur ziehen lassen.

Das Sauerkraut mit dem Fett im Topf erhitzen, würzen und ca. *15 Minuten* garen.

Stupperle mit Gulasch und Sauerkraut anrichten und servieren.

Das fürstliche Eis aus Bad Muskau

Bad Muskau liegt im nordöstlichsten Zipfel von Sachsen. Gleich dahinter beginnt der Spreewald. Zuerst allerdings erwartet die Besucher der Region der Landschaftspark Muskau. Angelegt hat ihn Graf (später Fürst) Hermann von Pückler, Landesvater, Gartenarchitekt, Gourmet und Lebemann. Seine Geschichte liest sich spannend wie eine Seifenoper im historischen Gewand. Pückler genoss das Leben und wäre in unserem Jahrhundert wahrscheinlich eine ernsthafte Konkurrenz für Hugh Hefner gewesen. Auf jeden Fall verstand er es, sich schon Anfang des 19. Jahrhunderts medienwirksam in Szene zu setzen. Seine Reiseberichte sicherten einen Teil des Kapitals für die fürstlichen Ambitionen im Landschaftsbau. Ab 1815 setzte er nach intensiven Studien in England mit tatkräftiger Unterstützung des Gartenkünstlers Jacob Heinrich Rehder die eigenen Pläne um. Lucie von Hardenberg, seine Frau, stand ihm treu zur Seite. Das beeindruckende Ergebnis ist mit einer Gesamtfläche von 830 Hektar der größte Landschaftspark Zentraleuropas im englischen

Stil und steht auf der Weltkulturerbe-Liste der UNESCO.
Einen guten Blick auf Park und Schloss hat man vom „Kaffee König". 1920 kauften die Königs die „Hof-Conditorei" am Markt. Schnell wurde ihr KAFFEE zu einem beliebten

„Kaffee König"

Treffpunkt, vor allem die *Glastanzdiele* sorgte für Andrang. Und natürlich die süßen Verführungen.
Heute wird das Kaffee in der 4. Generation von Jörg Marschall und seiner Frau Célia geführt. Dessen Stiefgroßvater, Hans König (Senior), brachte das Haus durch die DDR-Zeiten, arrangierte sich mit Verstaatlichung und dem HO-Stadtcafé, gab auch

Neues Schloss im Fürst-Pückler-Park, Bad Muskau

nicht auf, als die alte Herrlichkeit bröckelte. Seit 1999 ist das Kaffee wieder in Familienbesitz. Komplett saniert erstrahlt es in neuem, altem Glanz. Auch Tanztee gibt es wieder. Und ganz oben auf der Speisekarte steht das fürstliche Pückler-Eis, hergestellt nach dem alten, vom Großvater überlieferten Hausrezept. Das Geheimnis hütet die Familie seit Jahrzehnten.

Geheimnisumwoben ist auch die genaue Herkunft der gehaltvollen Näscherei. Was hat der Fürst mit dem Eis zu schaffen? Er wird es kaum selbst kreiert haben. Schriftsteller und Forscher Bernd-Ingo Friedrich ist auf Spurensuche gegangen. Die Geschichte des Fürsten und des Eises haben es ihm angetan. Viele spannende Varianten der Entstehungsgeschichte hat Friedrich zu Papier gebracht. Sicher scheint nur eines: Der Fürst hat allenfalls seinen Namen hergegeben und zwar nachträglich. Vielleicht hat sein Konditor, Karl Ferdinand Jungius, der aus Potsdam kam, die eisige Köstlichkeit für seinen Fürsten kreiert und ihm gewidmet. Zumindest taucht sie 1834 in seinem Kochbuch auf. Vielleicht war

(MDR)-Sendung **„Fürst Pücklers Eis"**
mit *Familie König, „Kaffee König",*
Bad Muskau

auch der Berliner Konditormeister Schulz (manchmal auch mit tz geschrieben) der Erfinder des legendären halbgefrorenen Eises. Jedenfalls hatte es schon Jahre vor Jungius' Kochbuch viele Liebhaber.

Im „Kaffee König" verlässt man sich auf das Hausrezept. Die Kreation des Eises durch Jörg Marschall und seine Frau dauert nur eine Stunde, danach ist das Fürst-Pückler-Eis in der traditionellen Schichtung – weiß, rot, braun – fertig. Braun soll für die Geliebte des Fürsten stehen: Machbuba, die geheimnisvolle Abessinierin, die der Fürst bei seinen Orient-Reisen als 12-jähriges Mädchen auf einem Kairoer Sklavenmarkt gekauft haben soll und mit nach Muskau brachte. Rot für die Liebe und weiß für den Fürsten selbst – so die Legende.

Im „Kaffee König" wurde an der überlieferten Rezeptur nichts geändert. Geschlagene Sahne, Schokolade und Erdbeeren sind damals wie heute die wichtigsten Zutaten. Doch die Feinheiten, die stehen im Hausrezept.

Fürst-Pückler-Eis

Originalrezept für 6 Personen

50 g stark entölter Kakao, etwas Zucker
.....
600 g Schlagsahne
.....
100 g feiner Zucker oder Puderzucker
.....
100 g Makronen
.....
4 cl Maraschinolikör oder Kirschwasser
.....
4 EL Kokosraspel
.....
150 g Erdbeeren (frisch oder tiefgefroren)

Bereits am Vortag den „Kakao-Sirup" zubereiten, damit er ausgekühlt ist. Hierfür den Kakao mit wenig Wasser und Zucker ansetzen und einmal aufkochen lassen, vom Herd ziehen. Die Wasser- und Zuckermenge sind Erfahrungssache, der Kakao soll flüssig, aber nicht zu dünn sein, in etwa die Konsistenz geschmolzener Schokolade haben und nicht wirklich süß sein. Alles gut verrühren, bis sich Kakao und Zucker aufgelöst haben.

Dann auskühlen lassen. Wichtig ist, dass der Sirup später nicht zu kalt verarbeitet wird. Er ist dann zu steif. Wird er bei der Eiszubereitung allerdings zeitnah in die Sahne gegeben, ist er oft noch zu warm und die Sahne wird wieder flüssig.

Am Tag der Zubereitung eine Kastenform mit Pergament- oder Backpapier auskleiden und im Gefrierschrank vorkühlen.

Die Schlagsahne sehr steif schlagen, dabei den Zucker einrieseln lassen. Dann die steife Sahne auf drei Schüsseln verteilen.

Die Makronen in kleine Stücke hacken, je feiner, desto besser, und mit der Hälfte Maraschino beträufeln, etwas durchziehen lassen. Dann auf die drei Schüsseln mit Sahne verteilen. Zuerst entsteht die weiße Schicht. Zur geschlagenen Sahne kommen der restliche Maraschinolikör und Kokosraspeln. Diese werden in einer beschichteten Pfanne ohne Fett langsam geröstet, dürfen dabei aber keine Farbe bekommen. Likör und Kokosraspeln unter die Sahne heben und die Masse in die Kastenform streichen. Die erste Schicht ca. *15 Minuten* im Gefrierschrank anfrieren lassen.

In dieser Zeit die zweite Schicht zubereiten. Dafür die zweite Portion geschlagene Sahne mit fein pürierten Erdbeeren mischen. Die fertige Sahnemasse auf die angefrorene weiße Schicht streichen und wiederum im Gefrierschrank etwas anfrieren lassen.

Den Abschluss bildet die braune Schicht. Hierfür den vorbereiteten Kakao-Sirup vorsichtig unter die restliche Sahne rühren, nicht schlagen, so dass eine schöne, kakaobraune Masse entsteht. Diese auf die rote Eisschicht streichen. Oben mit einem Blatt Pergament- oder Backpapier abdecken und das Eis über Nacht gefrieren lassen.

Vor dem Servieren die Kastenform kurz in lauwarmes Wasser tauchen und das Eis herausstürzen. Das Papier entfernen. Das Eis in dicke Scheiben schneiden, nach Belieben mit Schlagsahne und frischen Erdbeeren oder Schokoblättchen garnieren.

Der Torgauer Speckkuchen

Torgau liegt im Norden Sachsens. In der über 1000 Jahre alten Stadt gibt es jede Menge zu entdecken und ... zu *erschmecken*.

Vor 50 Jahren eröffnete in der Altstadt die Bäckerei Füchsel. Damals war Michael Füchsel zwei Jahre alt. Heute führt der Bäckermeister gemeinsam mit seiner Frau Christina das weiter, was vor Generationen begann – eine lange Bäckertradition. Schon der Urgroßvater war Bäcker. In seinem Heimatort Querfurt wollte der junge Herbert Füchsel nicht warten, bis er eines Tages die Bäckerei übernehmen würde. Daher packte er sein Köfferchen und machte sich auf in Richtung Steinbach-Hallenberg. Zwei Generationen später tat es ihm sein Enkel gleich und verabschiedete sich nach Torgau. Die alten Rezepte nahm er mit. Auch das für den *Speckkuchen*, den es in der Bäckerei Füchsel bis heute gibt. Die Grundrezeptur stammt noch vom Urgroßvater und ist seit 100 Jahren unverändert.

Entstanden ist der Speckkuchen ursprünglich ganz „nebenbei". Früher hielten sich viele Bäcker wenigstens ein Schwein, das mit Abfällen und den Kuchenrändern gefüttert wurde, so wurde nichts vergeudet. Logisch, dass das Schwein irgendwann besonders fett war und jede Menge Speck gab. Da lag doch die Idee eines Speckkuchens auf der Hand.

Bis heute ist die alles entscheidende Zutat der Speck. Seine Qualität entscheidet über den Geschmack. Der Fleischer, dem Michael Füchsel vertraut, bezieht sein Fleisch von einem Schlachthof in Belgern, beinah ein ortsansässiger Betrieb. Damit der Kuchen aus Torgau etwas ganz Besonderes bleibt, auch ohne ein in der eigenen Bäckerei gemästetes Schwein, hat Füchsel so seine Geheimnisse, was die Gewürze und die Komposition angeht. Kümmel spielt eine Rolle und eine Ei-Brötchen-Masse als krönender Abschluss des Speckkuchens.

Dazu genießen die Torgauer gern ein kühles Blondes, schließlich war die Stadt an der Elbe eine sehr traditionsreiche Braustadt, in der man sich auf Hopfen und Malz verstand. Mehr als 400 Braustätten hatte sie im Mittelalter. Leider ist keine übrig geblieben. Nur im Vorort Werdau wird

die Tradition hochgehalten. Im „Alten Elbehof" hat sich Knut Hepe aufs Bierbrauen spezialisiert. Im Brauhaus entsteht ein Naturprodukt, naturtrüb und unfiltriert, ganz wie früher gebraut wurde. Ein regionales Produkt, in dem alle Bestandteile sind, die in ein Bier gehören. Was könnte besser zum Torgauer Speckkuchen schmecken?

Das Rezept, nach dem Bäckermeister Michael Füchsel seinen Speckkuchen zubereitet, ist sozusagen ein Familiengeheimnis. Nur eines ist sicher, sein Torgauer Speckkuchen wird mit Brotteig zubereitet und verdankt seinen unnachahmlichen Geschmack einer besonderen Gewürzmischung. Dem kann man sich vielleicht annähern, das Originalrezept allerdings bleibt „unter Verschluss".

(MDR)-Sendung „Der Torgauer Speckkuchen" mit
Bäckerei Füchsel, Torgau

Das Torgauer Schloss Hartenfels an der Elbe

Torgauer Speckkuchen

Zutaten für 4 bis 6 Personen

ca. 600 ml lauwarmes Wasser

1/2 Würfel Hefe

1 kg Brotmehl (z. B. Type 1000)

ca. 1 EL Salz

300 g Bauchspeck

2 große Zwiebeln

2 EL Semmelbrösel

1 – 2 EL Kümmel, Koriander, Anis

2 Eier

1/2 l saure Sahne

Ein Backblech mit hohem Rand auf den Boden des Backofens stellen und den Ofen auf **250 °C** vorheizen.

Hefe im lauwarmen Wasser auflösen. Mit Mehl und Salz zu einem glatten Teig verkneten (dieser ist perfekt, wenn er sich leicht vom Schüsselrand löst). Nun abgedeckt an einem warmen Ort ungefähr **30 Minuten** gehen lassen. Dann den Teig nochmals durchkneten, eventuell etwas Mehl unterarbeiten und auf einer bemehlten Arbeitsfläche ausrollen.

Das heiße Blech aus dem Ofen nehmen und den Teig darauflegen. Hier so lange ruhen lassen, bis er doppelt so hoch ist bzw. der Teig sein Volumen verdoppelt hat, ca. **30 – 60 Minuten**.

Inzwischen den Speck würfeln und auslassen, bis er glasig ist, aus der Pfanne nehmen und auf dem Teig verteilen. Im Speckfett die gewürfelten Zwiebeln anschwitzen, mit Semmelmehl bestreuen, kurz durchschwenken und gleichmäßig über die Speckwürfel verteilen, mit Kümmel bestreuen und mit etwas Koriander, Anis und Salz würzen.

Die Eier mit der sauren Sahne verquirlen, ebenfalls leicht salzen. Die Mischung auf den Kuchen gießen. Im Ofen bei starker Hitze (**230 °C**) ca. **40 Minuten** backen, bis er goldgelb und knusprig ist.

Am besten noch warm genießen.

Das Geheimnis der Wermsdorfer Fischsuppe

Die Teiche rings um Wermsdorf verleihen der Region einen besonderen Reiz. Im 15. Jahrhundert ließ der damalige Gutsherr, Heinrich von Starschedel, sie für die Karpfenzucht anlegen. Die Errichtung einer Teichwirtschaft war damals ein kostspieliges Unterfangen, das sich nur vermögende adlige Gutsherren, Klöster oder Fürstenhäuser leisten konnten. Aber ein solches Unternehmen versprach auch gute Gewinne, da Karpfen als Delikatesse galt, ebenso wie Hecht, Karausche, Flussbarsch, Schleie und Zander. Die langen, von der Kirche vorgeschriebenen fleischlosen Fastenzeiten verlangten nach viel Fisch.

Bis heute werden die großen Gewässer als Seen bezeichnet, obwohl es sich dabei um Fischteiche handelt, die von Menschen erbaut wurden und jährlich wieder abgelassen werden können. Und das Ablassen, das alljährliche Horstseefischen im Ok-

tober, ist seit 1969 ein richtiges Fest, das Besucher aus nah und fern ins sächsische Wermsdorf zieht. Ins Leben gerufen hat diese Tradition der

August der Starke beim Fischerfest

ehemalige Leiter der Binnenfischerei Udo Seidlitz. Vielleicht hat er sich auch von den Traditionen der Region inspirieren lassen. Das Abfischen ist seit 1503 belegt und den Reiz der Seen und der ländlichen Umgebung entdeckten die Städter aus Leipzig und Dresden schon mit der Eröffnung des legendären Frei-

Die Wermsdorfer Fischkönigin (2015 – 2017) Sarah Appenfelder

bades am Horstsee 1910 und der Er-
öffnung der Badeanstalt am Langen
Rodaer See 1926 – beliebte Ziele für
Sommerfrischler.

Wer sich in unseren Tagen im Ok-
tober auf den Weg nach Wermsdorf
macht, der ist vor allem eines: Fisch-
liebhaber. Und es ist schon erstaun-
lich, was beim Abfischen so alles ins
Netz gehen kann: selbst ein Stör.

Udo Seidlitz war es auch, der das
„Geheimrezept" für die Wermsdorfer Fischsuppe aus Ungarn mitbrach-
te. Im Unterschied zum ungarischen
Vorbild kommt in diese Suppe kein
anderer Fisch als Karpfen. Und diese kräftige Suppe gehört zum Fest

einfach dazu. Damals 1969, als es
losging, kostete der Teller 1 Mark,
heute 3 Euro. Es hat sich eben viel
verändert.

Nachfolger von Udo Seidlitz als Chef
der Binnenfischer ist Georg Stähler. Der gelernte Teichwirt aus dem
Westerwald hat den Betrieb 1992
gekauft. An den Erfolg seines Vor-
gängers knüpft er nahtlos an. Noch
immer werden die Fische Meter um
Meter mit dem Schleppnetz zur Ab-
fischstelle gezogen. Das ist harte Arbeit, die sich seit über 500 Jahren
kaum verändert hat.

Zu diesem Ereignis gibt sich sogar der
sächsische Kurfürst die Ehre. 1577 hat-

Kirchenteich Wermsdorf – seit Jahrhunderten zur Fischzucht genutzt

te August I. die Teichwirtschaft den Starschedels abgekauft und den Ort Wermsdorf gleich mit. Also hat der ins historische Kostüm geschlüpfte „August der Starke" jedes Recht, dabei zu sein. Mit Hilfe von Georg Stähler versucht er sein Glück, doch die Aus-beute ist mäßig. Da haben die Pro-fifischer mehr Glück. Viele Karpfen sind dabei. Welch ein Glück, denn die sind der wichtigste Bestandteil der originalen Fischsuppe.

Alle lassen es sich schmecken. Guten Appetit!

(MDR)-Sendung **„Das Geheimnis der Fischsuppe"** mit
Fischer Udo Seidlitz, Wermsdorf

Wermsdorfer Fischsuppe

Zutaten für 6 Personen

50 g Speck

1 Stange Porree

1/2 Sellerieknolle

5 Möhren

8 – 10 Zwiebeln

1 rote Gemüsepaprika

6 EL Ketschup

Lorbeerblätter, Piment, Salz

Pfeffer oder scharfes Paprikapulver alternativ 1 – 2 Peperoni und Knoblauch für die Schärfe

2 kg Karpfenfilet

Den Speck würfeln und in einem großen Topf auslassen, er soll glasig sein. Inzwischen das Gemüse putzen und in kleine Würfel schneiden. Dann zum Speck geben und alles weiter braten, bis der Speck knusprig ist. Mit ca. 4 Liter Wasser auffüllen. Ketschup und Gewürze zugeben und den Gemüsesud *1 bis 2 Stunden* köcheln lassen.

Das küchenfertige Karpfenfilet in mundgerechte Stücke schneiden und abschließend in den Gemüsesud geben. Fischsuppe noch ca. *20 Minuten* ziehen lassen, damit sie ihr Aroma voll entfalten kann. Nur noch leicht rühren, damit der Fisch nicht zerfällt. Fertig ist die original Wermsdorfer Fischsuppe.

Laut ihres Erfinders Udo Seidlitz „muss die Suppe scharf sein. Der Karpfen will kräftig zubereitet sein."

Süßes zum Kaffee: Leipziger Räbchen

Kaffee und Sachsen gehören untrennbar zusammen, sind dank eines preußischen Königs sogar sprichwörtlich, denn nichts lieben die *Kaffeesachsen* mehr als Kaffee und Kuchen. Ein Schälchen *Heeßer* ohne Kuchen oder Torte geht nicht. Und Kuchen ohne Kaffee ist undenkbar.

In Leipzig bevorzugt man neben den bekannten „Leipziger Lerchen" hierfür eine kleine, süße Schlemmerei: die *Leipziger Räbchen*. Umgangssprachlich ist im Sächsischen ein „Räbchen" ein Frechdachs, ein unartiger Junge. Zumindest in jener Variante, die die Leipziger zu sprechen pflegen. Was für eine originelle Inspiration für die zuckrige Köstlichkeit! Und außergewöhnlich ist sie auf jeden Fall, diese Kombination aus Marzipan, Pflaume, umhüllt mit Bierteig, die in Fett ausgebacken und heiß serviert wird. Im 18. Jahrhundert wurden die *Räbchen* in der Messestadt erfunden und auch Goethe, der als sehr junger Mann in der Messestadt studieren wollte, soll sie gern gegessen haben.

Im „Zum Arabischen Coffe Baum", einem der ältesten kontinuierlich betriebenen Café-Restaurants Europas, kann man sie probieren. Das barocke Haus in der Kleinen Fleischergasse bewirtete berühmte Dichter, Komponisten und Universitätsgelehrte. Dementsprechend begegnet man Geschichte hier auf allen vier Etagen, sozusagen auf Schritt und Tritt, sogar in einem Kaffeemuseum. Entgegen der landläufigen Meinung war der „Coffe Baum" jedoch zu keiner Zeit eine reine Kaffeeschänke. Schon 1720 gab es auch Tee, Kakao und Likör. Auch Hopfen und Malz waren nicht verloren, sondern wurden ab 1742 frisch gezapft. Für das leibliche Wohl der Gäste sorgte anfänglich ein kleiner Imbiss. Doch kurz nach 1800 konnte man schon à la carte speisen.

Gegenwärtig sorgt hierfür Peter Steffen, der sein Handwerk von der Pike auf im ehemaligen Interhotel „Panorama" in Oberhof gelernt hat. Die sächsische Küche ist seine erklärte Passion und *Leipziger Räbchen* mag er besonders – nicht nur wegen des Namens. Seine Liebe zu dieser kleinen, aber feinen Leckerei zeigt sich vor allem darin, dass er das Marzipan

Peter Dorndorf in Aktion in seiner „Brühbar"

für die Füllung selbst herstellt, aus gemahlenen Mandeln mit Puderzucker, verfeinert mit Rosenwasser und auch einem Schlückchen Rum. Damit die *Räbchen* ihr Recht bekommen, ist Kaffee unverzichtbar. Eine Möglichkeit, sich den aromatischen Begleiter zu besorgen, gibt es in der „Brühbar" in Leipzig-Plagwitz. Kleine Kaffeeröstereien wie diese liegen im Trend. Peter Dorndorf ist dem Ruf der Zeit gefolgt und hat seinen Bürojob an den Nagel gehängt, um aus Leidenschaft Berufung werden zu lassen. Der Röstmeister und Kaffee-Sommelier weiß, worauf es ankommt. Kaffee bedeutet für ihn Lebensqualität, Grundnahrungs- und bestes Genussmittel, das es gibt. Ergo

dreht sich in seiner „Brühbar" alles um auserlesene Bohnen aus allen Anbaugebieten der Welt. Jede Nuance ist wichtig, jede Plantage gibt *ihrem* Kaffee ganz bestimmte geschmackliche Eigenschaften mit und die kann der Röster in der Veredelung noch aus der Bohne „kitzeln".

Wie sich die „Räbchen" mit dem Kaffee anfreunden, sollte man im „Coffe Baum" überprüfen, genaugenommen die kulinarische Pflicht jedes Leipzig-Besuchers.

(MDR)-Sendung **„Leipziger Räbchen"** mit *Peter und Bettina Steffen,* *„Zum Arabischen Coffe Baum", Leipzig*

Leipziger Räbchen

**Zutaten für 10 Portionen
á 3 gefüllte Pflaumen**

Teig zum Ausbacken für Räbchen:

1 l Milch oder 1 l Bier

4 Eier, Größe M

120 g Zucker

950 g Mehl

Zimt, Salz

Sonnenblumenöl zum Ausbacken

Füllung für 1 Pflaume:

20 g Marzipan, Rosinen nach Bedarf

Zucker und Zimt

Milch und Eier verquirlen – die Räbchen schmecken herzhafter, wenn statt Milch Bier für den Ausbackteig verwendet wird. Den Zucker zugeben und weiter rühren, bis dieser sich aufgelöst hat, das Mehl über die Masse sieben und gut unterrühren. Den Teig mit Zimt würzen und eine Prise Salz zugeben.

Das Öl in einem ausreichend großen Topf erhitzen.

Inzwischen frische Pflaumen waschen und entsteinen. Es können aber ebenso gut tiefgekühlte oder getrocknete Pflaumen verwendet werden. In jede Pflaume etwas Marzipan füllen, nach Geschmack kann in die Mitte der Masse noch eine (oder auch mehrere kleine) Rosine(n) gegeben werden. Die Pflaumenhälften wieder zusammenklappen und mit dem Teig umhüllen.

Jede so vorbereitete Pflaume im heißen Öl ausbacken, bis sie goldgelb ist. Zucker und Zimt mischen und die fertigen Räbchen darin wälzen, noch heiß servieren.

Thüringen

Auf Schillers Spuren in Bauerbach: die Grömpelsuppe

Im Süden Thüringens genießt die Gemeinde Bauerbach seit mehr als 1000 Jahren ein scheinbar beschauliches Leben. Literaturkundige wissen es natürlich besser: Schiller war hier! Der war gerade 23 Jahre alt und auf

Schiller-Museum Bauerbach

der Flucht vor seinem württembergischen Landesherrn, welcher sich gar nicht begeistert von Friedrichs „Räubern" gezeigt hatte.

In Meiningen nahm Herr Reinwald, der dortige Bibliothekar, den auf-

strebenden Dichter in Empfang und brachte ihn nach Bauerbach, wo dieser als Dr. Ritter im Gutshaus der Familie von Wolzogen Unterschlupf in drei Räumen des Obergeschosses fand. Daher hat die kleine Gemeinde nicht nur ein Schiller-Museum, sondern inszeniert Jahr für Jahr phantasievolle Freilichtaufführungen, mit denen sich die Bauerbacher einen Namen gemacht und es sogar zu überregionaler Bekanntheit gebracht haben. Das örtliche Naturtheater ist Träger des Thüringer Kulturpreises und gastierte in Japan.

Gut ausgeschilderte Wanderwege, darunter der historische Schiller-Wanderweg von Meiningen nach Bauerbach, führen durch den idyllischen Ort. Und mittendrin steht das Gasthaus „Zum braunen Roß", in dem – natürlich – auch der junge Schiller einkehrte. Gegessen und getrunken hat er überwiegend beim damaligen Gastwirt Debertshäußer, wie eine unbezahlte Rechnung beweist: Neben 14 Portionen Essen konsumierte Schiller 145 halbe Maß plus

Gasthaus „Zum braunen Roß"

vier Eimer Bier (ein Eimer sind nochmal 25 Maß) und blieb die Summe schuldig. Ein armer Dichtersmann eben.

Zu seinen Leibgerichten soll die *Grömpelsuppe* gehört haben. Damals war sie recht spartanisch. Immer, wenn geschlachtet und Wellfleisch gekocht wurde, brühten die Bauerbacher darin ein paar Würste. Mit etwas Glück platzte die eine oder andere und sorgte für Geschmack. Dann kamen ein paar Grömpel, Mehlklümpchen aus Ei, Mehl und Salz, hinein und man wurde satt. Womit auch geklärt ist, was sich hinter der Bezeichnung Grömpel verbirgt.

Heute ist die Zubereitung der Suppe weitaus aufwändiger. Mit frischen, regionalen Zutaten wird sie zu einer feinen Spezialität. Der Chef des traditionsreichen „Braunen Rosses" schwört auf eigens zubereitete Fleischbrühe aus Rindfleisch, bevorzugt von Beinscheiben von einer jungen Kuh. Rindfleisch, so seine fachmännische Meinung, ist immer aromatischer als Schweinefleisch. Zudem wird das Fleisch, bevor es in den Kochtopf kommt, kräftig angeschmort, bis es Farbe annimmt und genügend Röststoffe entwickelt hat. Das bringt Geschmack. Während die Brühe stundenlang vor sich hin kocht, werden das Gemüse und die Grömpel vorbereitet. Abschließend wird die Brühe noch geklärt oder einfach gesagt, durch eine Baumwollwindel abgegossen. Nun nur noch das Fleisch und Gemüse klein schneiden, alles mischen und fertig ist die Köstlichkeit.

Dazu gibt es frisches, am besten ofenwarmes Brot und selbstverständlich kühles Bier.

(MDR)-Sendung **„Die Grömpelsuppe"** mit
Küchenmeister Michael Städtler,
Gasthaus „Zum braunen Roß" in Bauerbach

Grömpelsuppe

Zutaten für 4 bis 6 Personen

für die Brühe:

1 – 1,5 kg Rinderbeinscheiben

2 – 3 Lorbeerblätter

je 1 – 2 TL Wacholderbeeren, Piment, Senfsaat, Salz, Pfeffer

2 – 3 mittelgroße Zwiebeln

für die Einlagen:

2 – 3 große Möhren

2 – 3 Petersilienwurzeln

1 Staudensellerie

3 – 4 Stängel Liebstöckel

für die Grömpel:

150 – 200 g Mehl

2 – 3 Eier, Wasser nach Bedarf

frische Kräuter (z. B. Petersilie, Schnittlauch, Schnittknoblauch, Pimpinelle)

Das Rindfleisch waschen und trocknen, die Fleischscheiben im Ofen auf der Fettpfanne kräftig anrösten, dann in einen Topf geben und mit reichlich kaltem Wasser und den Lorbeerblättern ansetzen. Die Gewürze im Mörser zerstoßen, zugeben, Ansatz salzen, pfeffern und *2 bis 3 Stunden* sanft kochen lassen, bis das Fleisch gar ist.

Wenn die Brühe zu kochen beginnt, die ungeschälten Zwiebeln halbieren und mit der Schnittkante auf Alufolie auf die Herdplatte legen, auf höchster Stufe erhitzen, bis die Schnittkanten dunkelbraun sind. Zwiebeln zur Brühe geben und mitkochen.

Während die Brühe köchelt, das Gemüse putzen und in mundgerechte Stücke teilen.

Wenn das Fleisch gar ist, die Brühe durch ein mit einem dünnen Tuch ausgelegtes Sieb gießen. Die geklärte Brühe wieder erhitzen und das vorbereitete Gemüse zugeben. Ca. *20 Minuten* dünsten, bis es gar ist. Es kann durchaus noch bissfest sein. Zum Schluss Liebstöckel zugeben und in der Brühe ziehen lassen.

Das abgekühlte Fleisch von Knochen und Sehnen befreien und in mundgerechte Würfel schneiden. Wieder zur Brühe geben.

Für die Grömpel das Mehl mit den Eiern und eventuell etwas Wasser zu einer klebrigen Masse, ähnlich Spätzleteig, verrühren. Mit zwei Teelöffeln kleine Klümpchen abstechen und in siedendem Salzwasser gar ziehen lassen. Schwimmen die Grömpel oben (nach ca. *2 Minuten*), sind sie gar. Den Liebstöckel entfernen und die fertigen Grömpel zur Brühe geben. Die Suppe mit gehackten Kräutern und frischem Landbrot servieren.

„Spaß mit Soße" im Sonneberger Fasching

Im thüringischen Sonneberg kommt man am Gasthof „Alter Fritz" nicht vorbei. Vor allem nicht am langen Faschingswochenende, denn dann ist Zeit für eine ganz besondere Spezialität: Milch- oder Meerrettichbrüh, Kasseler und Rotwurst gehören hier untrennbar zusammen, *Spaß mit Soße* eben. Die Sonneberger stehen zu ihrem Geschmack: „... weil ja da noch Essig mit dran ist und das ist so säuerlich und das passt halt hervorragend, da ja beim Fasching auch Alkohol fließt, wie saure Gurken, die man früh isst, wenn man 'nen Kater hat".

Gut, Kasseler und Meerrettichsoße sind auf deutschen Tischen nichts Außergewöhnliches und Klöße gehören für die meisten auch dazu, aber die Sonneberger Variante hat schon ihre Eigenheiten. Hier wird das Ganze süßsauer abgeschmeckt, ein richtiger Gaumenkitzel. Das passt zur närrischen Zeit. In der thüringischen Stadt ist der Fasching für viele die schönste Zeit des Jahres. Im Faschingsverein „Kuckuck e. V." engagieren sich rund 70 Enthusiasten aller Altersgruppen – nicht nur zum Fasching, sondern das ganze Jahr. Wo sonst hat man die Möglichkeit, nach ganzjähriger Vorbereitung und Training mit Auftritten vor 600 und mehr Zuschauern belohnt zu werden? Selbst die Jungs vom Männerballett nehmen ihre spaßige Mission äußerst ernst.

Genauso ernst wie es dem Wirtspaar, Brigitte und Matthias Milewski, vom „Alten Fritz" ist, wenn es um *Spaß mit Soße* geht. Im „Alten Fritz" sind die Rollen klar verteilt. Sie ist für die Küche zuständig, er für die Gäste. So hat es sich in den vergangenen 20 Jahren ergeben. Der Gastwirtssohn kennt sich in der Branche aus und der „Alte Fritz" war bereits zu DDR-Zeiten sein heimlicher Traum. Das Haus von 1881 mit seiner Einrichtung, vor allem der Holzvertäfelung, hatte es ihm einfach angetan. 1995 ließ sich die ehemalige Besitzerin erweichen und er konnte es kaufen. Damals arbeitete seine Frau als Sekretärin. Als die eigentliche Köchin krank wurde, sprang sie ein und

begann „den Laden zu schmeißen". Von jetzt auf gleich habe man sie ins kalte Wasser geworfen, erzählt sie.

Gekocht wurde anfangs nur mit Kochbuch, und ein bisschen Angst war immer dabei. Aber dann kam die Routine. Nicht nur für die Sonneberger Faschings-Spezialität. Dafür wurde ein Rezept ihrer Mutter mit den Rezepten von Arbeitskollegen kombiniert. Der eine hat es so

Gaststätte „Alter Fritz"

gekocht, der andere so, und daraus hat sich Brigitte Milewski im Laufe der Jahre ihr ganz eigenes Rezept zusammengestellt. Dazu gehört auch, dass sie nach alter Tradition die Kartoffeln für die Klöße schwefelt. Auch

wie der Kasseler gewürzt wird, wie lange er kocht und wie die Milchsoße, wenn sie mit Essig abgeschmeckt wird, nicht stockt, sind ihre Erfahrungswerte. Die Meerrettichsoße basiert auf der Kasselerbrühe und einer wohl dosierten Portion frisch geriebenen Meerrettichs. Es muss einfach in der Nase zwicken, sonst stimmt irgendetwas nicht. Und die *Milchbrüh*, die muss richtig schön süßsauer schmecken. Damit nichts schiefgeht, wird der Essig handwarm eingerührt. Zum Schluss bekommt die helle Mehlschwitze zum Andicken beider Soßen reichlich geschmolzene Butter. Kalorienarm ist das nicht, aber es garantiert Geschmack.

In Milewskis Gaststätte steht *Spaß mit Soße* ausschließlich am Faschingsdienstag auf der Speisekarte. Etwas Besonderes eben, das sehr viel Zeit zum Kochen benötigt und bei dem alles passen muss. Brigitte Milewski erledigt das mit Können und gibt zu, dass daran ihr Herz hängt. Sobald serviert ist, kann der Gast entscheiden, welche Zusammenstellung er mag, alles schmeckt zu jedem, also beide Soßen zu beiden Fleischsorten.

(MDR)-Sendung **„Spaß mit Soße"** mit
Brigitte und Matthias Milewski,
Gaststätte „Alter Fritz" in Sonneberg

Milchbrüh und Meerrettichsoße zu Kasseler und Rotwurst

Zutaten für 4 bis 6 Personen

1 kg Kasselerkamm mit Knochen

1 Brötchen vom Vortag

1/2 l Milch

Butter, Mehl

1 kleines Glas geriebener Meerrettich

Essig, Zucker, Salz

500 g frische Rotwurst

Kasselerstück mit Wasser bedeckt ca. **2 bis 2 1/2 Stunden** kochen. Das Fleisch herausnehmen und die Brühe mit so viel Wasser auffüllen, dass es ca. 1 1/2 bis 2 Liter werden. Davon ein Drittel abmessen und in einen anderen Topf für die Zubereitung der Milchbrühe geben. Die verbleibende Flüssigkeit für die Meerrettichbrühe mit ca. 1/2 Liter Wasser auffüllen und das Brötchen zugeben, alles nochmals aufkochen. In der Zwischenzeit die abgenommene Brühe mit 1/2 Liter Milch auffüllen und ebenfalls zum Kochen bringen.

Aus Butter und Mehl eine nicht zu trockene Mehlschwitze herstellen und beide noch kochenden Brühen nacheinander damit andicken. Achtung: Der Meerrettich dickt die Brühe nach. Die Milchbrühe sollte die Konsistenz haben, mit der sie später serviert wird.

Beide Brühen vom Herd nehmen und in die Kasselerbrühe so viel Meerrettich rühren, dass der individuell gewünschte Schärfegrad erreicht wird. Eventuell mit Salz abschmecken. Die Milchbrühe mit erwärmtem Essig und Zucker kräftig süßsauer abschmecken, auch hier eventuell nachsalzen.

Kasseler vom Knochen lösen und in Scheiben schneiden, mit Meerrettichbrühe anrichten.

Die Milchbrühe wird zur Rotwurst serviert. Dazu gibt es Thüringer Klöße.

Tipp

Es kann auch frischer, geriebener Meerrettich verwendet werden. Dieser schmeckt intensiver und schärfer.

Kulinarische Geheimnisse der Rhön

Wie im Dornröschenschlaf liegt der thüringische Zipfel der Rhön. Während im hessischen und bayrischen Teil des Mittelgebirges der Fremdenverkehr boomt, ist man hier meist unter sich. Was seine Vorteile hat. Die Einheimischen lieben ihre Ruhe. Die thüringische Rhön ist und bleibt ein Geheimtipp: die Weite, die Berge ... gut wandern lässt sich hier. Es soll sogar schon Gäste gegeben haben, die hier Wölfe heulen hörten.

Dafür hat man im Landgasthof „Zur Guten Quelle" momentan aber weder Zeit noch Ohr. Gastwirt Heiko Möllerhenn und Ortskundler Udo Hodam sind eifrig am Werk. Ein Rhöner Kochbuch haben sie geschrieben. Bei jeder sich bietenden Gelegenheit rühren die beiden eifrig die Werbetrommel. So geht es einmal im Monat zum Markt nach Dermbach. Möllerhenn und Hodam bieten dort, wo andere frische Produkte aus der Region verkaufen, kleine Appetithäppchen an. Zum Beispiel *Pampes*, einen mit deftigem Lauch oder süßen Pflaumen belegten Kartoffelteig. Damit wollen sie auf ihr Projekt aufmerksam machen. Das vereint viele

regionale Spezialitäten, auch einige, die schon fast vergessen waren, wie die *Fleischhötes mit Lauchbrüh*. Die mit Hackfleisch gefüllten Kartoffelklöße, die in einer sämigen Lauchsuppe schwimmen, haben die beiden Kochbuch-Schreiber für ihre Publikation sozusagen wiederbelebt. Ihre Kaltenlengsfelder *Fleischhötes* beruhen auf einem alten Rezept. Für Heiko Möllerhenn eine Kleinigkeit, es auszukramen. Schließlich betreibt seine Familie das Kaltensundheimer Gasthaus „Zur Guten Quelle" in fünfter Generation. Da kennt man sich mit der regionalen Küche aus. Es war wohl eine Familie Kümpel aus Kaltenlengsfeld, die die Idee hatte, Kartoffelteig mit Fleischmasse zu füllen, zu backen und eine kräftige Lauchbrühe dazu zu servieren.

Kaltenlengsfeld ist eines der vier „kalten Dörfer" im Tal der Felda. Hier verlief die innerdeutsche Grenze. Wenn Seniorchef Erhard Möllerhenn – jung und verliebt – seine Freundin und spätere Frau sehen wollte, musste er einen Passierschein haben. Heute macht der Weg von Dorf zu Dorf keine Probleme. Im grünen Haus

Landgasthof „Zur Guten Quelle"

zwischen Feuerwehr und Kirche in Kaltenlengsfeld wohnt Margarete Kümpel. Vor mehr als 70 Jahren heiratete sie ins Nachbardorf ein und lernte dort von der Schwiegermutter, wie das geht mit den Fleischhötes. Die richtigen Tricks und Kniffe der Zubereitung hat sie nicht vergessen. Gern gibt sie diese an Wirtsleute in Kaltensundheim weiter.

Davon kann nun Chefkoch Kevin, der Sohn der Wirtsleute, profitieren. Los geht es damit, die geschälten Kartoffeln zu reiben. Früher ging das mit dem Reibeisen per Hand. Heute hilft Technik. Doch geknetet wird noch immer und nur per Hand. Ist der Teig zu weich, „läuft er weg".

Auch die Hackmasse für die Füllung hat ihre Besonderheiten. Im Gasthaus wird sie aus der Schweineschulter frisch zubereitet. Etwas „Fertiges" kommt hier nicht in die Küche. Außerdem ist es eine Frage der richtigen Würze. Das Geheimnis lautet Zucker und Knoblauch, gepresster Knoblauch, übergossen mit Rum. Wer kommt auf so etwas?

Ein „letztes" Geheimnis wird noch verraten: Während der allseits bekannte Thüringer Kloß in Wasser kocht, werden die Kaltenlengsfelder Hötes in der Röhre gebacken, ca. 45 Minuten. Vorher werden sie flach gedrückt und in einer Pfanne von beiden Seiten goldbraun angebraten. Zwischendurch kann man sich schon einmal einen Holunder- oder Buchenblattlikör gönnen. Auch so eine Spezialität der Rhön.

Dann geht es an die Lauchbrüh. Marktfrischer Porree wird benötigt und eine kräftige Fleischbrühe, Eier und Sahne, damit es wirklich sämig wird. Für Schlankheitsfanatiker, die jede Kalorie zählen, ist das nichts. Aber Möllerhenn und Hodam hoffen schließlich auf neugierige Gäste, die hinter das Geheimnis der Fleischhötes kommen möchten und es sich einfach nur schmecken lassen. Zum Ausprobieren hier ein vereinfachtes Rezept.

(MDR)-Sendung
„Geheimnisse der Rhön" *mit*
Familie Möllerhenn,
Landgasthof „Zur Guten Quelle",
Kaltensundheim

Fleischhötes mit Lauchbrüh

Zutaten für 4 Personen

4 große rohe Kartoffeln

4 gekochte Kartoffeln

3 – 4 EL saure Sahne

750 g Gehacktes

Salz, Pfeffer

Knoblauch

Speiseöl

800 g Suppenfleisch

1 große Stange Lauch

3 Eier, Mehl

Die rohen Kartoffeln reiben und gut auspressen. Die Masse mit den durchgepressten gekochten Kartoffeln, der sauren Sahne und etwas Salz zu einem Kloßteig vermengen. Den fertigen Teig in zwölf Stücke teilen. Das gewürzte Gehackte zu zwölf Klößchen mit ca. 5 cm Durchmesser formen und in die Kloßstücke füllen.

Aus der Masse Klöße formen, dabei muss das Gehackte vollständig vom Teig bedeckt sein. Die fertigen Klöße flachdrücken und in reichlich Öl von allen Seiten knusprig braun braten. Nach dem Anbraten noch ca. *20 Minuten* auf einem mit Backpapier belegten Blech im Ofen garen.

Das Suppenfleisch mit 2 Liter Wasser aufsetzen und kochen, bis es weich ist. *20 Minuten* vor Ende der Garzeit den in Ringe geschnittenen Lauch hinzugeben und mitkochen, der Lauch sollte aber nicht zu weich werden. Die Eier mit etwas Wasser und Mehl verquirlen und so viel Mehl hinzufügen, dass eine sämige Masse entsteht. Dann Fleisch und Lauch aus der Brühe heben, die Brühe vom Herd nehmen und die Eiermasse einrühren. Das Suppenfleisch in Stücke schneiden und mit dem Lauch wieder hinzufügen.

Tipp

Wer möchte, kann die Lauchbrühe pürieren und gesondert zu den Fleischhötes servieren.

Das Uhlstädter Fest der Flößer

Die Flößer im thüringischen Uhlstädt wagen alle zwei Jahre ein
gefährliches Abenteuer. Beim Flößerfest stürzen sie sich mit ihren
Flößen das Wehr hinab. So feiern sie
mehr als 700 Jahre Saaleflößerei und
locken in den Pfingsttagen hunderte
schaulustige Touristen in den thüringischen Ort. Die Uhlstädter Männer, die als Hobby-Flößer antreten,
lassen sich ihre Tradition nicht nehmen – und zu der gehört nach über-
standener Mutprobe für die Beteilig-
ten ein ordentliches Detscher-Essen.
Fürs Flößerfest und für die Detscher
ist der Chef des Wasserwerkes, Ulli
Schulz, zuständig oder exakter: er
für mehr als eine Handbreit Wasser
unterm Stamm und seine Frau Birgit für die Detscher. Auch die Kinder
helfen mit.
Bevor es losgehen kann, dreht hinter den Kulissen Ulli Schulz den
Hahn auf. Und sofort brüstet sich
die Saale, ein reißender Strom zu
sein. Während die Touristen ihren
Spaß haben, wird es für die Flößer
ernst. Jetzt wird sich zeigen, wer ein
ganzer Mann ist. Zwei Jahre haben
sie sich im Flößerverein getroffen,

geredet, geprobt; Anekdoten über
schreckliche Unfälle haben die Runde gemacht. Manche sind bereits
zwei- oder dreimal durch die Floß-
gasse gefahren. Obwohl das auch
mal schmerzt im Kreuz ... Dann lieber *Detscher*.
In Kleinkrossen, einem Ortsteil von
Uhlstädt, kennt man sich mit den sa-
genumwobenen Detschern bestens
aus. Selbst die aufwändigen Vorbereitungen werden nicht gescheut.
Gemeinsam mit Sohn Steffen bereitet Ulli Schulz das wichtigste Uten-
sil für die Detscherherstellung vor:
einen alten Ofen. Der ist antik und
seit ewigen Zeiten in Familienbesitz,
da hat schon die Großmutter Detscher drauf gebacken ... oder war's
die Urgroßmutter? Auf jeden Fall
wird das gute Stück gründlich gerei-
nigt. Derweil schmückt Tochter Anja
direkt am Ufer der Saale den Freisitz
für die erwarteten Gäste – mit viel
Natur und, man darf staunen, Meer-
rettichblättern.
Mutter Birgit presst inzwischen gekochte Kartoffeln, je mehr umso besser, kiloweise, schließlich wird reichlich hungriger Besuch erwartet.

In früheren Jahren war der *Detscher* ein Festessen armer Leute oder besser jener, die zumindest Kartoffeln und Milch bzw. Magermilch vorrätig hatten.

Letzte Vorbereitungen, bevor die Gäste kommen

Detscher wurden ohne jegliches Fett direkt auf der heißen Herdplatte gebacken. Dazu gab es Malzkaffee. Heute bestreicht man die gebackenen Kartoffelkuchen mit reichlich Butter, bestreut sie dick mit Zucker, und wer die süße Schlemmerei noch toppen möchte, gönnt sich einen Frucht- oder Obstlikör dazu.

Soweit ist Birgit Schulz längst noch nicht. Erst der Teig, dann werden die akkuraten Detscher auf großen hölzernen Deckeln in ein selbstgebautes Bäckerregal gestellt. Endlich kommt der Ofen zum Einsatz, so ganz ohne Fett allerdings geht es in der heutigen Zeit nicht mehr. Der Sohn pinselt die Herdplatte mit flüssiger Butter ein. Sofort verbreitet sich ein verführerischer Duft. Die ersten Detscher können auf den Ofen. Da die kleinen Sensibelchen gern anbrennen, gar schwarz werden, heißt es dabeibleiben und aufpassen. Doch die Mühe lohnt. Fladen um Fladen kommt vom Ofen in einen großen Topf, Schicht um Schicht, und immer schön zuckern und buttern. Der perfekte Detscher braucht viel Zucker und viel Butter. Dann kann man nicht widerstehen.

(MDR)-Sendung **„Das Fest der Flößer"** mit
Birgit Schulz,
Kleinkrossen bei Rudolstadt

Kartoffeldetscher

Zutaten für 4 bis 6 Personen

400 – 500 g Kartoffeln, mehlig kochend

ca. 1/2 Tasse Wasser

3 EL Zucker

4 1/2 Tassen Mehl

375 g Butter

Zucker zum Bestreuen

Die Kartoffeln schälen und in ungesalzenem Wasser garen. Das Wasser abgießen und die Kartoffeln sehr fein stampfen oder durch eine Kartoffelpresse geben. Die Masse komplett auskühlen lassen. Dann mit etwas Wasser, Zucker und reichlich 4 Tassen Mehl zu einem trockenen Teig verkneten. Der darf nicht mehr an den Fingern kleben.

Eine Arbeitsfläche mit Mehl bestäuben. Den Teig portionsweise mit einem Nudelholz etwa einen halben Zentimeter dick ausrollen. Sollte der Teig wieder kleben, mit Mehl bestäuben.

Dann den ausgerollten Teig auf die gewünschte Größe schneiden. Eine Pfanne und einen Topf bei mittlerer Hitze aufstellen. 250 g Butter in den Topf geben und die Butter bräunen lassen. Den Rest der Butter nach und nach zum Braten des Teiges in der Pfanne verwenden. Die Teigstücke in die Pfanne geben und goldbraun ausbacken.

Die fertigen Detscher in eine flache Form geben, mit Zucker bestreuen und mit brauner Butter beträufeln. So fortfahren und schichten, bis alle Detscher ausgebacken sind.

Das Thüringer Rostbrätel

Wahrscheinlich vermag niemand eine genaue Zahl zu nennen, wie viele Rostbrätel im Laufe einer Saison auf deutschen Grills landen. Eines allerdings ist sicher: Der Thüringer Klassiker gehört auf eine Scheibe Mischbrot und muss zwingend mit Zwiebeln und Senf serviert werden. Die Erfurter behaupten gar, dass die Brüder Born die Senf-Herstellung eigens für Rostbrätel und Rostbratwurst erfunden hätten. Lassen wir das unkommentiert stehen, es gibt genügend andere Senfproduzenten im Bundesland, um sicher zu sein, dass die scharf-würzige Paste ein unbedingtes Muss für die kulinarischen Klassiker ist. Zu ihnen gehört die Senfmühle in Kleinhettstädt.

Die ist seit Generationen in Familienbesitz der Morgenroths. Die ganze Familie ist involviert. Seniorchef Friedrich und Sohn Ulf sind Senfmüller aus Leidenschaft. Elke Morgenroth leitet den Verkauf. Tochter Katrin ist für Mühlenführungen zuständig und Enkelin Hanna liebt Orangensenf.

Natürlich gehört auch Karsten Scheit dazu, der Gastwirt der Senfmühle.

Ganz oben auf seiner Speisekarte steht das Thüringer Rostbrätel.

Um seinen eigenen Ansprüchen gerecht zu werden, fährt der Mühlenwirt wöchentlich ins benachbarte Griesheim. Dort, im Hofladen der Agrargesellschaft, bekommt er genau das, was er sucht: frisches Fleisch, exakter Schweinekamm. Die Griesheimer mästen ihre Schweine in eigener Aufzucht mit selbst angebautem Futter. Von der Schlachtung bis zum Verkauf, alles in einer Hand. Auf die Qualität kann sich Scheit verlassen. Dann geht's entlang der Ilm zurück nach Kleinhettstedt. Ganze 135 Kilometer schlängelt sich die Ilm durchs Thüringer Ilmtal. Links und rechts gesäumt von jahrhundertalten Wassermühlen. Soweit muss der Wirt selbstverständlich nicht fahren.

Zurück in der Senfmühle beginnt er mit Vorbereitungen für *sein* Rostbrätel. Fast alles hat er zusammen: bestes Fleisch, speziellen Senf – sein ganz besonderes Plus – und Zwiebeln aus ökologischem Anbau. Die bringt der promovierte Bio-Landwirt aus Mittsömmern gern selbst vorbei. Ralf Mangold vermutet, dass der

Kunst- und Senfmühle Kleinhettstedt

Gastronom gern größere Zwiebeln hätte, weil die nicht so viel Arbeit machen, wenn sie klein geschnitten werden müssen. Doch seine kleineren Exemplare lassen sich besser lagern. Im Steintopf selbstverständlich, da halten sie länger. Und er bringt nicht nur die Zwiebeln vorbei, sondern versorgt die Mühle vor allem mit Senfkörnern aus eigenem Anbau. Drei Sorten sind es: weißer, brauner und schwarzer Senf. Mangold liefert alle fünf bis sechs Wochen, man kennt sich, es gibt, auch so eine thüringische Tradition, Kuchen und Kaffee – ein Grund mehr, dass der Senftransport Chefsache ist. Aber bevor man sich die kleine Auszeit gönnt, müssen über eine Tonne Senfkörner per Hand in der Mühle verstaut werden. Genug Nachschub, um mehr als 12 000 neue Senftöpfchen zu füllen.

Karsten Scheit bleibt bei seinen Rostbräteln. Schon das Schneiden des Fleisches ist eine Wissenschaft für sich. Die Scheiben sollen jeweils anderthalb Zentimeter dick sein. Danach wird kräftig geklopft und sparsam gewürzt. Nur mit Pfeffer und Salz, damit der Fleischgeschmack bleibt. Dann geht es ans Marinieren. Der Mühlenwirt schwört auf Biersenf. Die so gewürzten Fleischscheiben werden mit Zwiebelscheiben in einen Keramiktopf geschichtet, aufgefüllt wird mit Bier.

Es ist Ehrensache, dass auch das Bier aus der Region kommt. Früher gab es entlang der Ilm in jedem kleinen Dörfchen ein Kommunenbrauhaus. Jochen Köhler hat diese Tradition wiederbelebt. In seinem kleinen Brauhaus entstehen im Jahr zwischen siebeneinhalb- und acht-

tausend Liter Bier. Das „Buchfahrter Mühlenbräu" gibt es in vier Restaurants der Umgebung, auch Gastwirt Scheit verwendet es. Jetzt müssen seine Brätel, schön abgedeckt und kühl gestellt, durchziehen, am besten einen Tag.

Noch das unverzichtbare Brot besorgen und schon steht dem Brätel-Abend nichts mehr entgegen. Denn dem Thüringer geht nichts über ein richtig leckeres Rostbrätel, mit Zwiebeln und schönem Senf und gutem Brot und gutem Bier.

(MDR)-Sendung **„Das Thüringer Rostbrätel"** mit
Karsten Scheit, Gaststätte „Zum Mühlenwirt", Kleinhettstedt

Rostbrätel vom Grill

Zutaten für 4 Personen

2 kg Schweinekamm ohne Knochen

3 große Zwiebeln

1 l Schwarzbier

Salz, Pfeffer

2 Becher Senf

Die Rostbrätel (Schweinekamm) einen Tag vor dem Grillen in Scheiben schneiden und plattieren. Beidseitig salzen und pfeffern und dick mit Senf einreiben. In ein großes Gefäß schichten, dabei die geschälten und in Ringe geschnittenen Zwiebeln dazwischen legen. Zum Abschluss alles mit Bier auffüllen und über Nacht abgedeckt an einem kühlen Ort ziehen lassen.

Am nächsten Tag die Brätel aus dem Sud nehmen, gut abtropfen lassen und direkt auf den Holzkohlegrill legen. Während des Grillens das Fleisch oft wenden und mit Bier besprühen. Rostbrätel vom Holzkohlegrill werden traditionsgemäß nie auf Toast- oder Vollkornbrot serviert, sondern immer auf einer Scheibe Graubrot. Darüber werden großzügig die vorher gebratenen Zwiebelringe aus dem Biersud verteilt.

Variante: Rostbrätel aus der Pfanne mit Kartoffelsalat

Zutaten für 4 Personen

800 g ausgelöster, abgehangener Schweinekamm

Salz, Pfeffer

Knoblauchöl

1 Flasche Bier (Pils)

1/4 Becher Senf

6 mittelgroße Zwiebeln

1 kg Pellkartoffeln

200 g Dill- oder Delikatessgurken

1/8 l saure Sahne

2 – 3 EL Senf

2 EL Mayonnaise

Dill, Schnittlauch, Petersilie

Kräuteressig, Öl

Den ausgelösten Schweinekamm in vier gleichgroße Scheiben schneiden, klopfen, mit Salz und Pfeffer würzen. Eine Marinade aus Bier, Senf und Knoblauchöl herstellen, Schweinekammscheiben einlegen, *48 Stunden* zugedeckt kühl stellen.

Die Zwiebeln schälen und in nicht zu dünne Scheiben schneiden. Einige Zwiebelringe für den Kartoffelsalat würfeln und zur Seite stellen.

Gekochte, gepellte Kartoffeln in Scheiben, Gurken in Würfel schneiden, mit Salz, Pfeffer, saurer Sahne, Senf, Mayonnaise und Küchenkräutern sowie den vorbereiteten Zwiebelwürfeln zu einem herzhaften Kartoffelsalat verarbeiten. Evtl. etwas Essig und Öl zugeben.

Die marinierten Schweinekammscheiben in einer Pfanne mit heißem Öl anbraten. Wenn die Rostbrätel fast gar sind, in Scheiben geschnittene Zwiebeln zugeben, goldgelb dünsten. Kartoffelsalat auf einem Teller arrangieren, Rostbrätel dazulegen und mit einem gut gekühlten Bier servieren.

2 Tage einplanen!

Meisterlich:
die Weimarer Zwiebelsuppe

Landauf, landab verbindet man Weimar mit Goethe und Schiller und Herder und Wieland und ... deutscher Klassik eben. Eine fürstliche Residenz, ein geistiges Zentrum der Aufklärung und Klassik, das Dichter und Denker, Gelehrte und Philosophen anzog. Im 18. Jahrhundert ein Städtchen mit „Weltruf" – zumindest von europaweiter Bekanntheit. Heute UNESCO Welterbe und Kulturstadt.

Dabei gibt es hier noch einen anderen, weit bekannteren Klassiker: die Zwiebel.

„Die Wahrheit mit den sieben Häuten", nannte Goethe sie. In seinem Haus am Frauenplan sollen die Zwiebelrispen (Zwiebelzöpfe) zur Erntezeit als Schmuck gedient haben. Und mit Sicherheit wusste seine Christiane Vulpius, wie man mit dem Lauchgewächs umgeht und wozu es schmeckt. Dennoch aß der Herr Geheimrat gern auch außer Haus und so bestehen die Weimarer auf der Geschichte, dass er im benachbarten Gasthaus „Zum weißen Schwan" oft getafelt habe.

Das traditionsreiche Haus mit der großen Vergangenheit ist die Wirkungsstätte von Meisterkoch Theo Stern, eine kulinarische Legende, nicht nur in Weimar. Denn die „Großen der Welt" wollen Weimar sehen. Und so hat er für Kanzler Kohl gekocht, für Genscher und – wie er sagt – für den ganzen Ostblock. Sein Name steht für die Thüringer Küche, die Thüringer Küche in Weimar und den „Weißen Schwan". Und zu dieser Küche gehört unbedingt die Zwiebel. Ohne Zwiebeln geht es in der Thüringer Küche nicht – selbstverständlich Zwiebeln der Region. Besonders die aus dem Bereich Heldrungen werden sehr gern genommen, weil sie sehr fest sind.

Die „weißen Stuttgarter" und „roten Braunschweiger" sind auch die Stars auf dem bekannten Weimarer Zwiebelmarkt. Den gibt es seit mehr als 360 Jahren. An rund 600 Verkaufsständen gibt es Zwiebeln in jeder Form und Größe. Wenigstens 100 der Stände bieten Zwiebelzöpfe an, nicht nur attraktiver Blickfang, sondern vor allem ein beliebtes Mitbringsel

Für die Vorbereitungen lief die Familienmaschine auf Hochtouren. Dann ist alles bereit. Der Markt ist eröffnet, die Zwiebelrispen glänzen, die Kunden können kommen.

Zu denen gehört natürlich auch Theo Stern, denn was könnte besser auf eine herbstliche Speisekarte passen als eine deftige Zwiebelsuppe, die so schön von innen wärmt? Zuerst werden Heldrunger Zwiebeln eingekauft. Die sind für den Meisterkoch der Grundstoff einer legendären Spezialität: seine *Weimarer Zwiebelsuppe*. Als Basis für die Suppe bereitet er eine Rinderbrühe vom Tafelspitz zu, ganz so, wie sie schon der Geheimrat geliebt haben soll. Und dann braucht es noch ein gutes Bier. Am besten von der ortsansässigen Brauerei. Zum Glück versteht sich von selbst, dass die größte Weimarer Brauerei, die aus dem Stadtteil Ehringsdorf, mit einem Riesenbierfass auf dem Markt vertreten ist. Der Gerstensaft eignet sich vortrefflich zum Ablöschen der Zwiebelsuppe. Dann kann es losgehen.

vom Markt. Mittendrin die Familie Pfau aus Heldrungen. Zwiebeln sind ihre Profession, denn Christopher und Heiko Pfau sind Zwiebelbauern aus Überzeugung. Der Familienbetrieb engagiert sich für die Kyffhäuserregion und die Zwiebelmärkte nicht nur in Weimar. Damit die Leute sehen, dass das alles Handarbeit ist, sind sie seit Jahren bei der „Grünen Woche" in Berlin dabei. Mit einer gehörigen Portion Idealismus und Selbstbewusstsein, denn die Pfaus wissen, was sie können. Außerdem hat Marie Sophie aus der Pfau-Familie die Zwiebelstadt schon als „Zwiebelprinzessin" repräsentiert.

So gesehen ist der Weimarer Markt fast ein Heimspiel. Ungezählte Zentner Zwiebeln wurden in Position gebracht, gesäubert und gebunden.

(MDR)-Sendung **„Die Weimarer Zwiebelsuppe"** mit
Meisterkoch Theo Stern, Gasthof „Zum weißen Schwan", Weimar

Weimarer Zwiebelsuppe

Zutaten für 4 Personen

200 g Zwiebeln, 100 g Lauch (Porree)

2 EL Keimöl

1 TL Tomatenmark

1 l kräftige Fleischbrühe

1/2 Tasse helles Bier

je 1 Prise Zucker, Majoran (gerebelt),
Kümmel, Salz und Pfeffer

1 Scheibe Roggenbrot

100 g Käseraspel

1 Eigelb, 1 TL Senf

1/2 Bund Schnittlauch

Die gepellten Zwiebeln in Streifen schneiden, ebenso den geputzten Lauch. Die Zwiebeln in Öl goldgelb rösten, Lauchstreifen zugeben und kurz mit anschwitzen. Nun das Tomatenmark zugeben, mit heißer Fleischbrühe und Bier auffüllen. Mit Majoran, Kümmel, Salz, Pfeffer sowie Zucker würzen. Das Roggenbrot toasten und würfeln. Darauf eine Masse aus Käse, Eigelb und wenig Senf streichen. Das Ganze im Backofen gratinieren und auf die angerichtete Zwiebelsuppe setzen. Vor dem Servieren mit Schnittlauchröllchen bestreuen.

Gruß aus Jena – Hirschhornkuchen mit Zuckerguss und bunten Streuseln

Es war der wohl meist gegessene Kuchen der DDR – Hirschhornkuchen mit Zuckerglasur und bunten Streuseln. Er lag in den *Kaufhallen* im Regal, so gut wie jede Bäckerei hatte ihn im Angebot und da es ihn sozusagen an jeder Ecke gab, kannte auch jedes Kind den Geschmack und hat ihn wohl bis heute auf der Zunge. Doch das Rezept ist fast in Vergessenheit geraten.

Barbara Kösling und Christian Hill aus Jena verstehen sich als kulinarische Botschafter Thüringens und haben als Autoren regionaler Kochbücher so manches regionale Gericht aus der Vergessenheit geholt. So auch den Hirschhornkuchen.

Seinen unnachahmlichen Geschmack, die spezielle Note, verdankt der Kuchen der Verwendung von Hirschhornsalz als Backtriebmittel. Dabei ist Hirschhornkuchen nicht gleich Hirschhornkuchen. Heller Teig bekommt einen dunklen Guss mit Kakao und einer leichten Kaffeenote, dunkler Teig einen hellen Guss mit Zitronengeschmack. Nur die bunten Streusel gehören auf beide Varianten.

Eine Kostprobe, die so manche Erinnerungen weckt, gönnt sich das Blasorchester des Schott-Werks Jena. Dieses Orchester ist eine echte Besonderheit. Im Jahr 1897 schlossen sich 15 Mitarbeiter des Jenaer Glaswerks zusammen und gründeten mit Unterstützung von Dr. Otto Schott die „Musikkapelle Glashütte". In Jena kommt man an den Schott-Werken einfach nicht vorbei. Mit Ernst Abbe, Carl Zeiss und dessen Sohn Roderich gründete Otto Schott 1884 das *Glastechnische Laboratorium Schott & Genossen*, später *Jenaer Glaswerk Schott & Gen*. Anfangs wurde optisches Glas für Mikroskope und Fernrohre produziert, dann kam hitze- und temperaturbeständiges Glas dazu und das Angebot wurde um Teegläser und Babymilchflaschen erweitert. Dieses *feuerfeste* Gebrauchsglas wurde seit

Historische Produktwerbung

den 1920er Jahren in Jena unter dem Markennamen JENAER GLAS vertrieben. In der DDR war es ein gefragter Exportartikel und zuverlässiger Devisenbringer. Daran erinnert man sich in Jena noch. Auch das in den Gründerjahren aus der Taufe gehobene Orchester ist nach wie vor aktiv. Die mehr als 120-jährige Tradition hat über alle Höhen und Tiefen deutscher Geschichte hinweg gehalten. Heute haben hier ca. 40 aktive Musiker zwischen 17 und 88 Jahren Freude am Spielen – vor allem auf den handgefertigten Glasinstrumenten. Das Blasorchester ist eines der wenigen auf der Welt, das mit Glasfan-

faren und einem Glasxylophon auftritt.

Da passt es doch, dass zu dem traditionellen Hirschhornkuchen der Kaffee aus einer *Sintrax* – einer Kaffeemaschine ganz aus Glas – kommt. Heute gehört sie zu den fast Vergessenen. Dabei lieferten zahlreiche namhafte Designer über Jahrzehnte hinweg immer wieder neue Entwürfe für die *Sintrax* aus Jenaer Glas. Die allererste wurde 1926 auf der Leipziger Messe vorgestellt, auf einer Werbepostkarte abgebildet, und der Name *Sintrax* – eine Wortschöpfung aus den Begriffen Sintern und Extrahieren – im gleichen Jahr als Marke eingetragen. Das Treffen gestaltet sich also zu einem echten Abstecher in die Zeit- und Kulturgeschichte der Stadt und des Unternehmens. Ja, auch der Hirschhornkuchen à la DDR gehört in diese Kategorie.

(MDR)-Sendung
„Der Hirschhornkuchen" mit
*Barbara Kösling und Christian Hill,
Jena*

Jenaer Stadtblicke

Hirschhornkuchen mit dunklem Guss

Zutaten für 1 Backblech

für den Teig:

4 Eier

300 g Zucker

300 g Mehl

1/2 Pck. Backpulver

1 TL Hirschhornsalz

1/2 Becher (100 g) saure Sahne

für den Guss:

1 Würfel (250 g) Kokosfett

1 Ei

2 EL Zucker

1 Pck. Bourbon Vanillezucker

2 TL Kakao

1 TL fein gemahlenes Kaffeepulver

bunte Streusel

Eier und Zucker cremig rühren. Mehl, Backpulver und das Hirschhornsalz in die saure Sahne einrühren. Alle Zutaten vermengen, bis ein cremiger Teig entsteht. Auf ein mit Backpapier ausgelegtes Backblech streichen und bei **190 °C** etwa **15 Minuten** backen.

Für den Guss das Kokosfett schmelzen. Ei und Zucker vermengen, Vanillezucker, Kakao und Kaffeepulver hinzufügen. Die Masse in das Kokosfett einrühren, dabei dürfen sich keine Klümpchen bilden.

Den Guss auf dem Kuchen verteilen und großzügig bunte Streusel darauf verteilen.

Hirschhornkuchen mit hellem Guss

Zutaten für 1 Backblech

für den Teig:

250 g Butter

3 Eier

300 g Zucker

250 ml saure Sahne

2 Messerspitzen Hirschhornsalz

250 g Mehl

50 g Kakao

für den Guss:

250 g Butter

Saft von 1 frisch gepressten Zitrone

250 g Staubzucker

bunte Streusel

Butter und Eier mit dem Rührgerät auf höchster Stufe cremig rühren, erst dann den Zucker zugeben. Die Milch mit dem Hirschhornsalz mischen und zum Teig geben. Mehl mit dem Kakao auf die Masse sieben und alles zu einem cremigen Teig rühren. Den Teig auf ein mit Backpapier belegtes Blech streichen und bei *180 °C* ca. *20 Minuten* backen.

Für den Guss die Butter schmelzen, leicht abkühlen lassen. Den Saft einer frisch gepressten Zitrone zugeben, den Staubzucker sieben, alle Zutaten zu einer cremigen Masse verrühren und auf dem Kuchen verteilen. Zum Schluss mit bunten Streuseln garnieren.

„Vogteier Geschmink" nach uraltem Rezept

Frisches Gemüse und feinstes Filet, gekonnt und liebevoll zubereitet – Chefkoch André Frank weiß, wie man dem Gaumen schmeichelt. Nicht umsonst hat er nach seiner Ausbildung einige Wanderjahre in verschiedenen Ländern Europas verbracht. Aber neben nationalen und internationalen Spezialitäten stehen auf der Speisekarte des Restaurants „Zum Nachbarn", das zusammen mit den „Mühlhäuser Stuben" zum „Landhaus Frank" gehört, auch lokale Köstlichkeiten, eine davon ist das *Geschmink*. André Frank kennt das Gericht noch aus seiner Kindheit von den Großeltern. Die Geschichte der Speise ist aber viel, viel älter und verdient eine kleine Zeitreise.

Im Jahr 1333 wurden die Treffurter Raubritter von den benachbarten Mainzern, Hessen und Sachsen besiegt. Für die drei Dörfer Niederdorla, Oberdorla und Langula wurde von den Siegern je ein Vogt zum Regieren eingesetzt. Und so entstand das wohl kleinste Land im Heiligen Römischen Reich. Noch heute werden die Ortschaften nur selten ein-

zeln benannt – man spricht von der *Vogtei* und die zusammen reichlich 6.000 Seelen der drei Dörfer sind die Vogteier.

Die Vogtei war einst wie heute vor allem landwirtschaftlich geprägt, man lebte im Wesentlichen von dem, was angebaut und gezüchtet wurde. Charakteristisch für die Region war neben dem Obst- und Gemüseanbau die Schafzucht.

Während man an den Arbeitstagen sehr bescheiden kochte, sollte am Sonntag schon ein gutes Bratenstück auf den Tisch kommen. Schaffleisch bot sich geradezu an.

Aber dann war da sonntags noch der vormittägliche Kirchgang. Der konnte gut und gern um die zwei Stunden dauern. Um dennoch pünktlich essen zu können, wurde ein Essen kreiert, das zu Hause vorbereitet und vor dem Kirchgang im ansässigen Backhaus abgegeben werden konnte. Nach der sonntäglichen Andacht holte man das fertig gegarte Essen einfach in der Bäckerei ab. Zu Hause wurde die Pfanne in die Mitte des Tischs gestellt und jeder bediente

Altstadt von Mühlhausen

sich. Da stets reichlich gekocht wurde, blieb noch ein Rest übrig. Dieser schmeckte am nächsten Tag, gut durchgezogen, besonders lecker. Im örtlichen Dialekt versuchte man das genüssliche Schmatzen angenehmer klingen zu lassen. Und schon war das *Vogteier Geschmink* geboren.

Das Originalrezept, nach dem André Frank kocht, stammt aus dem 18. Jahrhundert und gibt die Arbeitsschritte vor. Für sein *Geschmink* holt er sich aus der örtlichen Schafherde einen kräftigen Hammel, um ihn dann im eigenen Schlachthaus als Grundlage des *Geschminks* zu verarbeiten. Das Fleisch wird in Salzwasser mit Knoblauch, Zwiebel und Lorbeerblatt vorgegart. Danach schichtet er es mit Birnenschnitzen, geschälten und geviertelten Kartoffeln in einen Bräter. Gewürzt wird schichtweise wiederum mit Zwiebeln und Knoblauch, aber auch mit Kümmel.

Für den Hausgebrauch kommt die Pfanne zum Garen in den Backofen. Der Restaurantchef bringt sein *Geschmink* in die Oberdorlaer Bäckerei Hartung. Wie schon vor 200 Jahren wird das Gericht dort bei niedrigen Temperaturen, ca. 80 °C, zu Ende gegart. Auf diese Weise schmeckt das Ganze noch besser, und daher schätzt man die Spezialität – so einfach sie auch ist – bis heute in der Vogtei, in den umliegenden Ortschaften und der nahen Stadt Mühlhausen. Regionale Küche kann schon ganz schön lecker sein! Achtung: Wenn Sie das Gericht vor Ort verkosten wollen, bittet der Restaurantchef aufgrund der langen Garzeit um Vorbestellung.

(MDR)-Sendung **„Das Geschmink"** mit *André Frank, „Landhaus Frank", Mühlhausen*

Geschmink

Zutaten für 4 bis 6 Personen

2 kg Schafkeule ohne Knochen

Salz

2 – 3 Lorbeerblätter

40 g Knoblauch

600 g Zwiebeln

2 kg reife, aber noch feste Birnen

4 kg vorwiegend festkochende Kartoffeln

1 EL Kümmel

Das gesäuberte Fleisch in reichlich 1 Liter kochendem Salzwasser zusammen mit den Lorbeerblättern, einer geschälten und grob zerdrückten Knoblauchzehe sowie etwa 100 g geschälter und grob zerkleinerter Zwiebel ca. *60 Minuten* garen.

In der Zwischenzeit Birnen und Kartoffeln schälen. Die Birnen vierteln und vom Kerngehäuse befreien. Die Kartoffeln in mundgerechte Stücke schneiden. Die restlichen Zwiebeln und Knoblauchzehen abziehen. Das vorgegarte Fleisch in einen ausreichend großen Bräter legen. Um das Bratenstück herum abwechselnd die Birnenviertel und Kartoffelstücke einschichten. Lagenweise mit Kümmel, Salz, den zerkleinerten Zwiebeln sowie Knoblauchzehen würzen. Eine Schicht Kartoffeln bildet den Abschluss.

Den Kochsud vom Fleisch durch ein Sieb gießen und etwa 1 Liter abmessen. Den Backofen auf *180 °C* vorheizen.

Die abgemessene Fleischbrühe angießen, dann den Bräter gut verschließen. Das Geschmink für etwa *1 1/2 Stunden* garen, dann den Deckel entfernen und bei gleicher Temperatur weitere *45 Minuten* im Ofen bräunen. Wenn Fleisch und Kartoffeln eine schöne hellbraune Farbe haben, ist das Geschmink fertig. Vor dem Servieren wird das Fleisch in dicke Scheiben geschnitten und mit dem Kartoffel-Birnen-Gemisch auf vorgewärmten Tellern angerichtet.

Bei den gebratenen Tauben in Kutzleben

In den Dörfern rund um Bad Langensalza, im Norden Thüringens, gehören Tauben seit Jahrhunderten zum gewohnten Bild – gebratene Tauben galten hier seit jeher als Delikatesse.

In Kirchheilingen zum Beispiel. Hier betreibt die Agrargenossenschaft eine „Landfactur". Aus eigenem Anbau werden Spezialitäten offeriert, deren Entstehung Besucher live miterleben können: in einer Ölpresse, einer Getreidemühle und der Schauküche. Die Ställe der Genossenschaft beherbergen Schweine, Kühe, Schafe und seit einiger Zeit ... Tauben. Die Idee dazu hatte Frank Baumgarten, Vorstandsmitglied der Agrargenossenschaft. Bei einer Feier, so berichtet er, habe er gehört, wie eine Frau sagte, dass einem hier eigentlich gebratene Tauben in den Mund fliegen müssten ... Diese ans

Schlaraffenland erinnernde Randbemerkung ließ ihn nicht mehr los. Aber wo bekommt man in Thüringen Tauben für die Gastronomie her? Eine Recherche führte zu Importen aus Frankreich. Naja, das musste doch auch selbst zu bewerkstelligen sein. Nun leben zweihundert Brutpaare auf dem Taubenhof

der Agrargenossenschaft, legen Eier, brüten und ziehen ihre Küken groß. Die ausgewachsenen jungen Tauben werden dann geschlachtet und verkauft.

Das eiweißreiche, zarte Fleisch ist leicht verdaulich und hat seine Liebhaber. Das weiß vor allem Hella Brandt aus dem Nachbarort Kutzleben. Sie liebt „gebratene Tauben", hat einige Rezepte von ihrer Mutter geerbt und will in der Schauküche von *„Landfactur"* einen „Taubentiegel" zubereiten. Gemeinsam mit Julia Huth vom Landfrauenverein macht sie sich ans Werk. Die beiden Frauen zeigen in der Schauküche ganz genau, wie es geht. Zehn junge küchenfertige Tauben liegen auf dem Tisch. Die Täubchen müssen nicht vorgekocht werden. Hella Brand muss die Vögel lediglich putzen und waschen. Hals, Innereien und ein Stück der Flügel geben eine gute Suppe. Um die kümmert sich Julia Huth. Hella Brands Tauben landen in einer großen Pfanne, dem „Schaffen", wie die Thüringer sagen. Das Öl zum Braten kommt von der hauseigenen Ölpresse der Agrargenossenschaft: Senföl. Dazu etwas Salz und Pfeffer, Gewürze werden nur sparsam verwendet. Dafür gibt es reichlich Wurzelgemüse. Das wird zusammen mit den Täubchen angebraten, damit die Soße einen kräftigen Geschmack bekommt.

Die Qualität der Tauben wird immer nach der Brust beurteilt. Wenn die Brust in der Mitte, also links und rechts vom Brustbein, fünf bis sechs Zentimeter hoch ist, dann ist das in Ordnung. Gut gefüttert, konstatiert die Köchin aus Leidenschaft.

Inzwischen haben die beiden Frauen Verstärkung bekommen. Der Koch der „Landfactur", Chris Eichentopf, will ein Nudelnest beisteuern. Natürlich aus selbstgemachten Nudeln. Also her mit Eiern, Öl und Mehl. Ein Eigelb pro Portion und Rapsöl, wieder aus der eigenen Ölpresse.

Während die Nudeln entstehen, sind die Täubchen gar. Sie werden mit Honig bestrichen und weitere 10 Minuten in der Pfanne gebräunt. So kennt es Hella Brand von ihrer Mutter.

Was ist noch zu tun? Die Nudeln ins Wasser, die Petersilie für die Suppe schneiden. Dann wird serviert. Unter den Gästen sind Taubenfreunde aus der näheren Umgebung. Und die sind voll des Lobes. Ein echtes Gourmetessen.

(MDR)-Sendung **„Gebratene Tauben"** mit
Hella Brand, Kutzleben

Mit Honig glasierte Täubchen

Zutaten für 4 Personen

4 frische Tauben

ca. 100 g Sellerie

2 Möhren

2 mittelgroße Zwiebeln

Pfeffer, Salz

Raps- oder Sonnenblumenöl

flüssiger Honig

Die Tauben von allen Federn befreien, ausnehmen und unter fließendem Wasser gründlich säubern. Anschließend mit Küchenpapier trockentupfen, die Flügel und den Hals auslösen. Diese werden nicht benötigt, können aber mit einer weiteren Taube für eine Suppe oder Brühe verwendet werden.

Das Gemüse putzen, waschen und in grobe Würfel schneiden. Die Tauben außen und innen kräftig mit Salz und Pfeffer würzen.

Öl in einem Bräter oder einer hohen Pfanne erhitzen und die Tauben von allen Seiten gut anbraten. Sobald sie Farbe angenommen haben, das Gemüse zugeben, mit Wasser ablöschen und so viel Wasser zugießen, dass die Tauben bedeckt sind. Nun bei mittlerer Hitze etwa *1 bis 1 1/2 Stunden* zugedeckt köcheln lassen. Gegebenenfalls Wasser nachgießen. Sobald die Tauben gar sind, diese aus dem Sud nehmen und auf ein Backblech setzen. Dann großzügig mit Honig bestreichen und im vorgeheizten Ofen (Umluft *180 °C*, Ober- und Unterhitze *200 °C*) ca. *10 Minuten* backen.

In der Zwischenzeit den Sud aufkochen und reduzieren, zum Schluss den Sud pürieren, nochmals mit Salz und Pfeffer abschmecken und zu den Tauben servieren.

Tipp

Für das Originalrezept wird Senföl *verwendet. In der EU ist es als „nur für äußere Anwendungen" deklariert. Reines Senföl hat einen nussigen Geschmack, ist scharf und reizt schon beim Einatmen, vergleichbar mit Meerrettich oder Wasabi.*

Der König des Mutzbratens

Eine Ostthüringer Köstlichkeit ist der *Mutzbraten*, ein faustgroßes Stück Schweinefleisch aus Kamm oder Schulter, das im Birkenholzrauch gegart wird. Bekannt ist er vor allem um Schmölln und Altenburg, aber auch im Thüringer Holzland und in Westsachsen. Ihren Namen verdankt die regionale Spezialität der Altenburger Mundart. Hier ist der „Mutz" ein Tier ohne Schwanz, also ein Schwein. Schon zu Beginn des 20. Jahrhunderts wurden in Schmölln die ersten Mutzbraten öffentlich angeboten.

Eben dieser Mutzbraten hat dem Thüringer André Schakaleski Glück gebracht. Der gelernte Fleischer aus Schmölln ist mit der Thüringer Spezialität aufgewachsen und – im doppelten Sinn des Wortes – groß geworden. Heute betreibt er eigene Grillstände und Verkaufswagen. Dank seiner Liebe zum *Spießbraten vom Grill* ist das deftig-würzige Fleischgericht sogar in Italien bekannt. Schon zu DDR-Zeiten musste der damals 14-jährige André seinem Vater helfen, wenn der auf Volksfesten seinen Mutzbratenstand aufbaute. Der Mutzbratengrill von damals, Marke Eigenbau, hat 40 Jah-

re auf dem Buckel. Mit Fahrradketten und Scheibenwischermotor tricksten die Schakaleskis die Mangelwirtschaft aus.

Bis heute wird das Fleisch mit Salz, Pfeffer und Majoran gewürzt, mariniert und dann auf sogenannten Mutzbratenständen im Birkenholzrauch gegart. Dazu gibt es Brot, Sauerkraut und Senf. So hat es André Schakaleski bei seinem Vater gelernt. Inzwischen hat seine Heimatstadt dank ihm mit dem Mutzbraten einen veritablen Exportschlager gelandet. In den 1990er Jahren fand Schakaleski in einer Fachzeitschrift eine Einladung, die ihn magisch anzog. Schausteller aus ganz Europa sollten sich zu einem großen Markt in Italien treffen. Das war der Anfang der Karriere des Mutzbratens im Land von Pasta und Pizza.

Dieses Mal geht es in den Piemont am Fuße der Alpen. Die Vorbereitungen trifft Schakaleski selbst. Frische und Qualität der Ware sind auch in Italien oberstes Gebot. Nicht nur das Fleisch bereitet er eigenhändig vor – gelernt ist schließlich gelernt –, sogar die Zutaten nimmt er aus Thüringen mit, bis hin zum Sauerkraut. Bevor der Transport über die Alpen losgeht, wird selbst der Profi hektisch.

Das Wetter in Biella ist eher durchwachsen. Man wird sehen, wie viele

Marktbrunnen, Schmölln

Leute kommen. Erst einmal einen Wegweiser hinstellen und die Thüringer Spezialitäten auf Italienisch anpreisen. Den Verkaufspavillon aufbauen, Ware einsortieren, Grill schrubben. Der Chef selbst fädelt Mutzbraten auf die Spieße, hat aber immer das Große und Ganze im Auge. Der Regen ist nicht so gut fürs Marktgeschäft. Aber: Heulen gilt nicht. Der

Stand muss eröffnet werden. Endlich ist alles bereit. Ein Grillstand wie aus dem Bilderbuch. Und auch der erste Mutzbraten ist fertig. Eine echte Punktlandung. Schon melden sich neugierige Interessenten. Buon Appetito. Durchschnittlich verkaufen Schakaleski und sein Team an einem Wochenende wie diesem etwa 600 Haxen, 600 Mutzbraten, ungezählte Bratwürste, Bouletten, Schaschlikspieße, Maiskolben und so weiter. Da muss alles reibungslos funktionieren. Der Siegeszug des Mutzbratens scheint auch in Bella Italia nicht aufzuhalten zu sein. Zusammen mit einer Portion Sauerkraut und einem Stück Brot ist das deftige Stück vom Schwein die beste kulinarische Botschaft Thüringens an Italien.

Mutzbraten sollte nicht in gängigen Familienportionen zubereitet werden. Für eine richtig große Grill- oder Gartenparty ist er aber eine tolle Wahl. Nachfolgend eine mögliche Rezeptvariante.

(MDR)-Sendung
„Der König des Mutzbratens" mit
Gastwirt und Fleischer
André Schakaleski, Schmölln

Schmöllner Mutzbraten

Zutaten für 12 Personen

7 kg Schweinekamm

1 TL Salz auf 1 kg Fleisch

1/2 TL Pfeffer auf 1 kg Fleisch

50 g Majoran

1,5 kg Sauerkraut

Das Fleisch für den Mutzbraten soll gut durchwachsen, mit ausreichend Fettanteil sein, damit es während der langen Garzeit saftig bleibt. Den Schweinekamm in etwa faustgroße Stücke à ca. 250 g schneiden. Salz, Pfeffer und Majoran gut vermischen. Die Fleischstücke damit einreiben, in ein geeignetes Gefäß legen und mindestens *8 Stunden* an einem kalten Ort ruhen lassen.

Am nächsten Tag den Mutzbraten-grill vorbereiten. Die marinierten Fleischstücke gleichmäßig auf die Spieße verteilen. Unter dem Grill mit frischem Birkenholz ein Feuer entfachen und die Bratspieße ca. **2 Stunden** garen, dabei ständig drehen. Während des Garens über dem offenen Feuer nimmt das Fleisch das Aroma des Birkenholzfeuers auf.

Das während des Grillens aus dem Fleisch abtropfende Fett wird in der Fettpfanne des Gerätes aufgefangen und kann ab und an mit etwas Wasser aufgegossen werden.

Die garen Fleischstücke von den Spießen streifen und mit Sauerkraut und Mischbrot servieren. Auch der schmackhafte Bratfond schmeckt dazu sowie ein klein wenig Senf.

Das Sauerkraut als Beilage kann sowohl frisch (roh) als auch gegart gereicht werden.

Tipp

Mutzbratengrillgeräte bestehen aus korrosionsgeschütztem Stahlblech, die Fleischspieße aus Edelstahl, sie werden mit einem kleinen Motor angetrieben. Ein Gerät für bis zu 14 Portionen besitzt 2 Spieße. Mittlerweile gibt es nicht nur die Geräte samt Zubehör zu kaufen, man kann darüber hinaus bei ansässigen Fleschereien fertig geschnittene und gewürzte Mutzbraten bestellen.

Sachsen-Anhalt

Naumburger Fleeschsubbe aus dem Blütengrund

Wer Naumburg hört, denkt zuerst sicherlich an den Dom mit seinen weltberühmten Stifterfiguren. Aber die Stadt hat viel mehr zu bieten.

Im Blütengrund

Zum Beispiel die reizvolle Landschaft mit den überraschenden Aus- und Einblicken, den felsigen Hängen und Weinbergen. *Hier ist es ja wie in der Toscana, nur näher,* schwärmte einst Max Klinger. Dem Bildhauer, Maler und Grafiker, der Ende des 19. Jahrhunderts zum Professor an der Akademie der graphischen Künste in Leipzig ernannt wurde und Mitglied der „Wiener Secession" war, gehörte im Blütengrund bei Naumburg ein Weingut. Das restaurierte Landhaus ist heute eine Gedenkstätte. Doch nicht nur Kunstbeflissene zieht es hierher. Hier ist man mitten im Saale-Unstrut-Weinbaugebiet, das bis 2004 als das nördlichste in Deutschland galt. Der Klimawandel aber hat diese Grenze inzwischen nach Mecklenburg-Vorpommern verschoben, und selbst bis hinauf nach Sylt wird heute mit dem Rebanbau experimentiert.

Was Weinliebhaber nicht davon abhält, dem Rotkäppchen-Sekt aus Freyburg die Treue zu halten und die vielfältigen Weine der Region mit ihrem fruchtig-spritzigen Bukett zu genießen. Am liebsten bei einem Besuch der Weingüter und Straußwirtschaften entlang der Weinstraße Saale-Unstrut, die rund 60 Kilometer durch Weinberge mit Steilterrassen, vorbei an jahrhundertealten Tro-

Zusammenfluss von Saale und Unstrut am Blütengrund

ckenmauern und historischen Weingütern führt. Darüber hinaus kann man „an der Saale hellem Strande" mittelalterliche Burgen bestaunen. Das alles geht zu Fuß, per Rad oder auf gut ausgebauten Wasserwegen. Im Blütengrund zum Beispiel gibt es an der Mündung der Unstrut in die Saale eine der ältesten Fährverbindungen Deutschlands, seit 1283 urkundlich belegt. 2017 wurde sie generalüberholt und bekam einen neuen Pächter.

Davor war Manfred Schmidt 25 lange Jahre Fährmann und Schiffseigner – so wie sein Vater und Großvater vor ihm. Dann führte ein Rechtsstreit dazu, dass der Pachtvertrag nicht verlängert wurde. Ein Ende auch für das Ausflugslokal mit Biergarten, in dem es die legendäre *Naumburger Fleeschsubbe* gab. Die beruht auf einem alten Familienrezept der Schmidt'schen Großmutter: *Fleesch* – wie der Naumburger sagt – gehört reichlich in den Topf oder treffender: großen *Dopp*. Und viele Zwiebeln. Am besten halbe-halbe. Alles kleinschneiden, nur nicht zu akkurat und fein, soll ja *rustikal* bleiben, mehr Gulasch als Suppe. Wenn alles gut angebraten ist – scharf angeröstet ja, verbrannt nein –, kommen Paprika und Pilze dazu, und es wird kräftig gewürzt, wirklich kräftig, danach mit Rotwein aufgegossen. Die *Fleeschsubbe* verlangt

förmlich nach einem Wein von Saale und Unstrut. Hier kann man den Wein auch „sehen", den man trinkt. Am Rebstock natürlich.

Die Suppe muss dann vor sich hin köcheln, um die 2 Stunden, gerne länger. Dabei immer mal umrühren, obwohl es auch ein klein wenig anlegen darf. Wein oder Wasser können ja nachgegossen werden. Und zum Schluss jede Menge frische Kräuter: Thymian, Majoran, Koriander sind Pflicht, alles andere, was im Garten oder Balkonkasten wächst, eine Kür. Dazu gibt es frisches Brot, am besten noch ofenwarm.

(MDR)-Sendung
„Naumburger Fleeschsubbe" mit
Manfred Schmidt, ehemals Fährmann im Blütengrund Naumburg

Naumburger Fleeschsubbe

Zutaten für 4 bis 6 Personen

1 kg mageres Schweinefleisch
aus der Oberschale

1 kg Zwiebeln

1 Tube Tomatenmark

2 – 3 Knoblauchzehen

Salz, Pfeffer, Paprika edelsüß

1 – 2 Fl. Rotwein

1 – 2 rote Paprikaschoten

500 g Waldpilze oder Champignons

2 Lorbeerblätter

1/4 EL Piment

1 kleine Chilischote

je 1 Bund Majoran, Thymian und
Koriander

Das Schweinefleisch in mittelgroße Würfel schneiden, die Fleischwürfel scharf, sehr dunkel anrösten. Zum gleichen Teil Zwiebeln dazugeben und auch diese dunkel werden lassen.

Fleisch und Zwiebeln mit Tomatenmark verrühren und weiter anrösten. Geschälte und halbierte Knoblauchzehen dazugeben und dann mit Salz, Pfeffer und Paprikapulver würzen.

Mit etwas Rotwein ablöschen, reduzieren lassen und abschließend mit Rotwein und Wasser zu gleichen Teilen auffüllen. Alles köcheln lassen, bis das Fleisch fast weich ist.

Inzwischen Paprikaschoten und Pilze putzen und kleinschneiden. Waldpilze schmecken am besten, Champignons sind jedoch eine gute Alternative. Die Chilischote waschen und je nach eigenem Schärfe-Bedürfnis mit oder ohne Kerne in feine Ringe schneiden. Das Gemüse mit den Lorbeerblättern und Piment zur Suppe geben. Nochmals durchkochen. Wenn gewünscht, mit etwas in Rotwein angerührtem Mehl andicken.

Majoran, Thymian und Koriander waschen, trockenschütteln und kleinhacken. Zur Suppe geben. Das Gericht nochmals abschmecken und heiß servieren.

Aus der Altmärker Küche: Nudelsuppe

Die Altmark ist ein weites Land im Norden Sachsen-Anhalts mit Wäldern und Heide, mit zum Teil sehr fruchtbaren Böden und reizvollen, mittelalterlichen Fachwerkstädten. Sie gehört zu den ältesten Kulturlandschaften Deutschlands. Hier ist ein ganz besonderer Menschenschlag zu Hause, der die Traditionen der Mark bewahrt und sie bis heute lebt. Auch in der Küche.

Eine dieser engagierten Ur-Altmärkerinnen ist Ruth Schwarzer. Mit dem Altmarkhof Schäplitz, rund 20 Kilometer von Stendal entfernt, ist sie eng verbunden. Mit eigener Wehr, Heimatstube, Dorfgemeinschaftshaus und dem Altmarkhof bietet das Dorf interessierten Besuchern einen faszinierenden Einblick in das altmärkische Gemeindeleben. Ganz in diesem Sinn redet Ruth Schwarzer nicht nur darüber, die Traditionen der Region zu bewahren und an nachfolgende Generationen weiterzugeben, sie packt auch tatkräftig zu. Die Ingenieurpädagogin für Gartenbau hat den Bauerngarten hinterm Haus gestaltet und ist gern hier.

Da Pflanzen ihre Profession sind, schwört sie auf die regionale und vor allem saisonale Küche ihrer Heimatregion. Mit ihrer Leidenschaft steckt die über 60-Jährige auch junge Leute an. Enkelin Natalie hat sie schon überzeugt. Gemeinsam kochen die beiden ein traditionelles Sommergericht im zeitgemäßen Gewand: Altmärkische Nudelsuppe mit buntem Gartengemüse und Rindfleisch. Die Nudeln dafür sind selbstverständlich nicht gekauft, sondern handgemacht. Und das Fleisch kommt aus regionaler Zucht, das Gemüse aus dem eigenen Garten. Was in Ruth Schwarzers Suppe gehört, steht in keinem Rezept. Das, was im Garten gerade wächst, der Saison entspricht und reif ist, findet Verwendung. Die Köchin ist da variabel. Während die Rinderbrühe lange köchelt, kommt das Gemüse erst ziemlich zum Schluss dazu, um Geschmack und Vitamine zu erhalten. Nichts ist so schlimm wie zerkochtes Gartengemüse!

So eine gehaltvolle Nudelsuppe gehört aber nicht allein auf altmärkische Tische. Ein Nachtisch muss sein. Ruth Schwarzer schwört auf Rote Grütze mit Vanillesoße. Mit diesem *Kirsch-Grieß-Pudding* haben sich schon die Vorfahren an heißen Tagen gestärkt. Da ist es Ehrensache, die süße Schlemmerei frisch zuzubereiten. Auch in diesem Fall ohne Fertig- oder Tütenprodukte.

Die Kirschen für die erfrischende Köstlichkeit kommen vom Scheunenladen Stallbaum in Stendal. Zwölf Süß- und zwei Sauerkirschsorten werden auf der Obstplantage angebaut. Ruth Schwarzer lässt sie von der Chefin pflücken und holt sie persönlich ab. Dabei kommt man so schön ins Fachsimpeln über Kirschsorten und Reifegrade und wie viel besser die Kirschen aus der Region schmecken. Keine hunderte, tausende Transportkilometer liegen zwischen Erzeuger und Verbraucher, man kann den leckeren Früchtchen beim Wachsen förmlich zusehen. Das ist es doch!

(MDR)-Sendung **„Die altmärkische Nudelsuppe"** mit *Ruth Schwarzer, Schäplitz in der Altmark*

Landschaft bei Schäplitz

Altmärkische Nudelsuppe

Zutaten für 4 Personen

1,5 kg Beinscheibe oder Hohe Rippe vom Rind

1 gehäufter EL Salz

8 bis 10 Pfefferkörner

Suppengrün (Sellerie und Porree)

ca. 3 kg Gemüse nach Belieben und Saison für die Einlage

gehackte Petersilie

hausgemachte Nudeln aus 200 g Mehl (Rezept siehe S. 116)

alternativ 250 g Bandnudeln

Das Fleisch mit den Gewürzen etwa **2 Stunden** auf kleiner Flamme in 4 Litern Wasser garen. Anschließend das geputzte und zerkleinerte Suppengrün hinzufügen und das Ganze noch einmal für etwa **20 Minuten** köcheln lassen. Dann das Fleisch herausnehmen und kleinschneiden. Die Brühe abseihen, um eventuelle Knochensplitter zu entfernen.

Das geputzte und vorbereitete Gemüse (je nach Jahreszeit Möhren, Erbsen, Kohlrabi, Blumenkohl und Spargel, nur keine Bohnen) in der Hälfte der Brühe garen, es soll weich sein, aber noch Biss haben. Dabei das festere Gemüse zuerst und den Blumenkohl und die Erbsen erst **5 bis 10 Minuten** später hinzufügen.

Wenn das Gemüse gar ist, das geschnittene Fleisch hinzufügen und kurz aufkochen. In der restlichen Brühe die Nudeln garen. Zum Schluss beides zusammen in einen großen Topf geben und vorsichtig vermengen. Noch einmal abschmecken und gegebenenfalls nachwürzen. Vor dem Servieren mit der gehackten Petersilie bestreuen.

Hausgemachte Nudeln

Zutaten für 4 Personen

200 g Weizenmehl

1 Msp. Salz

1 Prise geriebene Muskatnuss

2 ganze Eier

2 große EL Wasser

Mehl und Gewürze gut vermengen. Dann die Eier aufschlagen und das Wasser dazugeben. Alle Zutaten zu einem geschmeidigen Teig verarbeiten. Den Teig so lange kneten, bis er nicht mehr klebt. Je nach Größe der Eier noch ein wenig Mehl zugeben. Jetzt den Teig etwa 2 bis 3 Millimeter stark auf einer bemehlten Fläche ausrollen und auf Tüchern in der Sonne trocknen lassen. Alternativ kann der Teig auch auf ein mit Backpapier ausgelegtes Blech gegeben und im Backofen bei **50 °C** getrocknet werden. Dabei den Teig mehrmals wenden.

Ist er oberflächlich trocken, den Teig in 4 Zentimeter breite Streifen schneiden. Diese zu zweit oder dritt übereinanderlegen und – je nach Belieben – in 5 bis 6 Millimeter lange Streifen schneiden. Danach die Bandnudeln noch einmal nachtrocknen lassen. Das noch anhaftende lose Mehl abschütteln. Das geht am besten mit einem groben Sieb.

Nun die Nudeln zum Garen in die Brühe geben.

Tipp

Das Rezept lässt sich gut vervielfachen: Die vorbereiteten Nudeln können in geeigneten Gefäßen längere Zeit aufbewahrt werden. Dafür müssen sie zuvor allerdings vollständig getrocknet sein.

Rote Grütze (Kirsch-Grieß-Pudding)

Zutaten für 4 Personen

700 g Sauerkirschen

1/2 l Wasser

3 – 4 EL Zucker

250 g Hartweizengrieß

Die gewaschenen Kirschen von den Stielen ziehen und entsteinen. Dann zusammen mit Wasser und Zucker aufkochen. Nun den Grieß langsam unterrühren. Alles zusammen noch einmal kurz aufkochen. Danach die Grütze in eine kalt ausgespülte Schüssel oder Form füllen. Wenn die Grütze abgekühlt ist, diese stürzen.

Tipp

Lecker ist auch eine Kombination von Sauer- und Süßkirschen im Verhältnis 1:1. Die Süßkirschen ebenfalls vorher entsteinen und die Zuckermenge entsprechend reduzieren.

Vanillesoße

Zutaten für 4 Personen

1 Vanilleschote

300 ml Milch, 50 g Zucker

3 Eigelb

Vanilleschote längs aufschneiden und das Mark herauskratzen. Die Milch mit Zucker und Vanillemark mischen und dann aufkochen, die Hitze sofort reduzieren. Bei geringer Wärmezufuhr die 3 Eigelb nach und nach unterrühren, am besten mit dem Handrührgerät. So lange auf hoher Stufe weiter rühren, bis die Soße cremig wird und einmal „aufblubbert". Den Topf sofort zur Seite ziehen und die Soße etwas abkühlen lassen.

Tipp

Wer es gehaltvoller mag, kann die Hälfte der Milch durch süße Sahne ersetzen oder unter die fertige Vanillesoße geschlagene Sahne ziehen.

Die Köthener Schusterpfanne

Im Januar 1900 öffnete im anhaltischen Köthen die Gaststätte „Zum Rüdesheimer". Die Weinstube mit Weinhandel war bis zum Zweiten Weltkrieg der Treffpunkt der feinen Köthener Gesellschaft.

Heute betreibt Hannelore Scheibner, gelernte medizinisch-technische Radiologie-Assistentin, das Haus in vierter Generation, ganz im Geist ihres Urgroßvaters Otto Thiele. Ihre Gaststätte und Pension gehört wieder zu den Vorzeigeadressen der Stadt. Besonders die Küche mit alten Köthener Gerichten ist über die Grenzen der Bach-Stadt hinaus bekannt.

gehört die *Köthener Schusterpfanne*, ein altes Kartoffel-Birnen-Fleisch-Gericht, das im Römertopf oder einer anderen feuerfesten Form zubereitet wird.

Gellerts Butterbirne

Das ist auch das Verdienst Hannelore Scheibners. Längst ist sie Gastronomin aus Leidenschaft und will von Ruhestand nichts wissen. Dazu genießt sie ihren Unruhe-Stand viel zu sehr, und das Werkeln in der Küche, ihrer Küche. Die traditionellen Gerichte der Region liegen ihr besonders am Herzen. Zu ihren Favoriten

Wichtigster Bestandteil sind die frischen Birnen, und die holt sich die Wirtin im Fürstlichen Obstmustergarten Cöthen. Den legte Garteninspektor August Hoof 1902 an. Es ist gar nicht so abwegig, darüber nachzudenken, dass sich dieser Garteninspektor und Hannelores Urgroßvater persönlich gekannt haben.

Doch zurück zu den Birnen. Nach langem Dornröschenschlaf schlagen im Mustergarten wieder Hunderte von Obstbäumen ihre Wurzeln. Das ist vor allem Manfred Ruppert zu verdanken, Pomologe aus Leidenschaft und Schulfreund von Hannelore. Er ist der perfekte Ansprechpartner. Eigentlich eignet sich fast jede Birne, nur saftig und süß muss sie sein, eine feine Säure haben und sich gut im Ofen garen lassen, zum Beispiel „Gute Luise", „Kaiserkrone", „Clapps Liebling" oder „Gellerts Butterbirne".

Gasthaus „Zum Rüdesheimer"

Die anderen Zutaten kommen aus Katrina Engelhardts Hofladen in Diebzig. Dort kauft die Köthener Wirtin frische, unbehandelte Lebensmittel wie z.B. Bio-Kartoffeln und marmoriertes Schweinefleisch. Das Fleisch am Schwein wächst langsam und das sieht man ihm an. Nichts wird schnell hochgemästet. Perfekt. Die nötigen Küchenkräuter kommen aus dem eigenen Garten hinter dem Haus.

Zurück in der Küche geht Hannelore Scheibner sofort an die Arbeit. Dieses Mal will sie das traditionelle Essen für die Mitglieder des Köthener Malzirkels, ihres Malzirkels, zubereiten. Nach dem Tod ihres Mannes wollte sie sich mit dem Malen

eigentlich „nur" ablenken. Dann hat sich das Hobby zur wahren Leidenschaft entwickelt. Über 170 von ihr gemalte Bilder hängen in ihrer Pension. Öl, Gouache, Bleistift oder Aquarell ... Restaurant und Pension sind ihre Galerie.

Mit der gleichen Leidenschaft geht die Chefin des Hauses in der Küche ans Werk. Die Zutaten werden vorbereitet und in der genau bestimmten Reihenfolge in den Topf geschichtet: Kartoffel – Birne – Fleisch.

Die Tischdekoration und das Anrichten überlässt Hannelore Scheibner schon einmal ihrer Tochter Gabi, schließlich wird die eines Tages das Geschäft übernehmen. Da heißt es Erfahrungen sammeln. Dann ist die *Köthener Schusterpfanne* fertig: mit feinsten Zutaten, von liebevollen Händen bereitet und gekonnt serviert.

(MDR)-Sendung **„Die Köthener Schusterpfanne"** mit
Hannelore Scheibner, „Zum Rüdesheimer", Köthen

Schusterpfanne

Zutaten für 4 bis 6 Personen

750 g Schweinekamm ohne Knochen

Salz, Pfeffer, Kümmel

1 Knoblauchzehe

1 kg Kartoffeln, vorwiegend festkochend

1 kg Birnen

einige Zweige Beifuß, frischer Thymian

Öl zum Ausfetten der Form

Das Fleisch waschen, trockentupfen und in ca. 2,5 cm große Würfel schneiden, mit Salz, Pfeffer, Kümmel und zerdrücktem Knoblauch würzen und kräftig anbraten.
Die geschälten Kartoffeln in ca. 1 cm dicke Scheiben schneiden und etwas salzen.

Die Birnen schälen und halbieren. Das Kerngehäuse mit einem Teelöffel entfernen und die Birnen ebenfalls in dicke Scheiben schneiden.

Kartoffelscheiben dachziegelartig in einen ofenfesten Topf oder eine große Auflaufform mit Deckel schichten, dann die Birnenscheiben darauf anordnen. Obenauf das kross angebratene Fleisch geben und mit je einer Schicht Birnen und Kartoffeln abschließen. Mit Beifuß belegen und seitlich so viel Wasser angießen, dass alles gerade bedeckt ist. Topf schließen und im Backofen bei ca. *200 °C 30 bis 40 Minuten* garen.

Kurz vor Garende den Deckel abnehmen und weitere *10 Minuten* bei starker Hitze gut nachbräunen. Die Kartoffeln sollten knusprig sein. Mit Thymianzweigen belegen und sofort zu Tisch bringen. Dazu ein frischer Salat und gut gekühltes Bier.

Grützwurst vom Hecklinger „Feldkoch"

Im Salzlandkreis, in Hecklingen, steht seit 1988 der Landgasthof von Ulrich und Dorlis Große, und hier bekommt der Gast traditionsreiche Gerichte, die es zu probieren lohnt. So bereitet der Meister-Koch zum Beispiel noch die berühmte Grützwurst zu, in Handarbeit – auch bekannt als *Tote Oma*. Für seine hausgemachte Wurst mit dem morbiden Namen verwendet Ulrich Große nur frische, regionale Zutaten in bester Bio-Qualität.

Schweinebauch, Nackenspeck und Schweinenieren werden kurz gekocht, dazu etwas rohe Leber und Blut. Das Wichtigste aber sind die Gewürze: Muskatblüte, Pfeffer, Piment, Salz und Majoran. Der vor allem! Majoranfelder gibt es ganz in der Nähe, rund um Aschersleben, selbst in Hecklingen wird Majoran angebaut – einfach ein Stück Heimat.

In Sachsen-Anhalt hat der Gewürzanbau eine lange Tradition. Majoran gehört mit einer Anbaufläche von 500 bis 600 Hektar zu den wichtigsten Gewürzpflanzen in Deutschland, nur übertrumpft von der Blattpetersilie. Dank der perfekten Standortbedingungen liegt der Schwerpunkt des deutschen Majoran-Anbaus seit jeher in der Region nördlich des Harzes um Aschersleben. Zudem gibt es in Deutschland nur wenige Gewürzmühlen, die Majoran verarbeiten

Majoran

und für den Endkunden aufbereiten, auch die sind im Salzlandkreis zu finden.

Nur ein paar Kilometer von Hecklingen entfernt, in Altenweddingen, liegt der Hof der Familie Braune. Bereits in der achten Generation führen Antje und ihr Bruder Henning Braune einen Ackerbaubetrieb und bauen jährlich bis zu 60 Hektar Majoran an. *Thüringer Majoran*, wie Ulrich Große ihn braucht. *Thüringer*

Majoran aus Sachsen-Anhalt? Das klingt nicht gerade logisch, erklärt sich aber schnell, wenn man weiß, dass *Thüringer Majoran* ein Qualitätsstandard ist, der höchste, den es gibt, rechtlich geschützt.

Ursprünglich war Majoran eine reine Heilpflanze. Erst um 1906 hat man sie als Gewürz entdeckt und in der Wurstverarbeitung eingesetzt. Daher hat die Pflanze auch ihren eingedeutschten Namen: Wurstkraut. Längst hat sie sich zu einem unverwechselbaren Geschmacksbringer gemausert. Frisch oder getrocknet sorgt sie in Kartoffelgerichten, Suppen, Soßen und vor allem Würsten für den richtigen Geschmack.

Auch in Uli Großes Grützwurst darf das Kraut nicht fehlen. Neben der Wurst braucht der Koch noch Grütze aus Gerstenkorn und Perlgraupen. Die Zutaten für die *Tote Oma* kennt Große seit seiner Armeezeit. Damals bekam er seinen Spitznamen „Soße", weil er der einzige war, der eine vernünftige Soße zustande brachte. Aus unerfindlichen Gründen erwartete jeder Armist eine Soße zum Schnitzel. Der gelernte Koch bewies Organisationstalent und Kreativität und begann, sich mit preiswertem Essen in großen Töpfen anzufreunden. Grützwurst gehörte dazu, die stand jede zweite Woche auf dem Plan.

Nach der Armeezeit tauschte er die Feldküchen gegen die Restaurantküchen der *besten* Häuser. Schon 1988 machte Große sich selbstständig. Der Landgasthof in Hecklingen ist sein Baby. Dafür lebt er und steht zu dem Motto: Hier kocht der Chef noch selbst. Dort produziert er seine Grützwurst ausschließlich für die Restaurantgäste, seine ganz spezielle Luxusgrützwurst. Mit viel Fleisch, einer ausgewogenen Gewürzmischung und genau dem nötigen Anteil Grütze, niemals zu viel. Die Grützwurst kann man nach einem Restaurantbesuch auch mitnehmen, im Glas. Wer der *Toten Oma* nicht traut, kann sich mit hausgemachter Leber-, Rot- oder Sülzwurst trösten, die Wildschweinspezialitäten versuchen oder das Zwiebel-Apfel-Schmalz. Aber eigentlich ist das Probieren der Grützwurst von Ulrich Große ein Muss!

Das Hausrezept von Ulrich Große ist und bleibt Familiengeheimnis. Wer das Original kosten möchte, muss nach Hecklingen fahren. Aber Rezepte für „Tote Oma" gibt es viele. Nachfolgend eines zum Probieren.

(MDR)-Sendung **„Der Feldkoch"** mit
Dorlis und Ulrich Große, Landgasthaus Große, Hecklingen

Grützwurst (Tote Oma)

Zutaten für 4 Personen

400 g Blutwurst oder Grützwurst
(ungewürzt)

....

100 g Speck

....

1 große Zwiebel

....

je 1/2 TL Majoran und Thymian
(gerebelt)

....

Salz, Pfeffer

....

Margarine zum Anbraten

....

Den Speck würfeln und in einer schweren, heißen Pfanne langsam auslassen. Inzwischen die Zwiebel schälen und ebenfalls kleinschneiden. Zwiebelwürfel im Speckfett andünsten, ohne dass sie braun werden.

Die Blutwurst (alternativ Grützwurst) in Scheiben schneiden, dann noch in Streifen zerkleinern und zum Bratansatz in die Pfanne geben. Alles gut vermischen. Mit Salz, Pfeffer, Majoran und Thymian abschmecken.

Wenn die Grützwurst eine Masse ergibt und richtig heiß ist, auf die Teller verteilen. Dazu schmecken Kartoffelbrei oder Kartoffeln und Sauerkraut.

Der Harzer Erbsenkönig in Elend

Elend im Harz, fast ist man versucht, an nomen est omen zu denken oder an ein verschlafenes Örtchen hinter den Bergen ... Doch der Schein trügt. Am Waldesrand, im Hinterhof der Pension Harzhaus, kocht Familie Kurkiewicz ihr ganz eigenes Süppchen: *Erbsensuppe*, berühmt in aller Welt und nicht nur im Oberharz.

Den ersten Kessel des Tages setzt Junior-Chef René an. Zubereitet wird der Eintopf in ausgedienten Feldküchen. Auch das Rezept ist ein altes, seit Jahren bewährtes. Die Erbsen wurden schon am Vorabend eingeweicht. Salz, Pfeffer, Majoran und Schinkenspeck stehen bereit. Das Suppengemüse ist geputzt und geschnitten: Möhren, Rosenkohl, Kohlrabi.

Jürgen Kurkiewicz, der Senior, hat das Rezept entwickelt und lässt da keine Experimente zu. Gekocht wird Kukkis Erbsensuppe ausschließlich in Kompaniestärke, 180 Liter. Genau die Menge, die in eine Gulaschkanone passt. Also wird der Eintopf vom „Erbsenkönig" immer direkt aus der Kanone verkauft. An Wochenenden wird meistens alles aufgegessen.

Was geschieht, wenn etwas übrig ist, kommt später zur Sprache.

Erst einmal werden die mobilen Futter-Geschütze „gefechtsbereit" gemacht. Die Erbsensuppe, die so gut schmeckt „wie zuhause", gibt es im Nationalpark Harz an zwei festen Standorten. Einer davon liegt am Bahnhof „Drei Annen Hohne" der Harzer Schmalspurbahn.

Hier schaut mehrmals täglich auch der Chef selbst vorbei. Erbsen begleiten ihn seit seiner Kindheit. Mit 12 Jahren, sein Vater war im Krieg gefallen, begann er Hamster zu fangen, Feldhamster. Die hatten in ihren Bauen Wintervorräte angelegt und kaum etwas gefressen, da sie im Winter schlafen. So kamen schon mal bis zu 60 Kilo Erbsen zusammen, erinnert sich Kurkiewicz. Hunger war von da an in der Nachkriegszeit kein Thema mehr.

Nach der Lehre zum Schlosser geht Sänger und Gitarrist Kurkiewicz, Spitzname Kukki, zur NVA und macht in seinen 25 Dienstjahren Karriere als Kultur-Major. Nach der Wende brockt sich der „Hans-Dampf-in-allen-Gassen" seine erste Erbsensuppe ein. 1990 baut er in Elend einen Kiosk, kauft für einen kleinen Preis eine Gulaschkanone und verkauft am Ortsausgang von Wernigerode Erbensuppe. Das Geschäft läuft. Kukki expandiert. Inzwischen ist der Imbissstand nahe der Schmalspurbahn eine etablierte Anlaufstelle für hungrige Harzbesucher.

Was sich tagsüber nicht verkauft, kommt zurück in die Suppenküche und landet bei Adelheid Groth und Sibylle Friedrichs. Die leisten Dienst an der Dose. Jede Konserve entsteht hier in Handarbeit. Im Durchschnitt sind das zwischen 300 und 400 Stück täglich, mal mehr, mal weniger, je nach dem, was draußen gegessen wird. Und das ist auch vom Wetter abhängig. Schönes Wetter, viele Harzbesucher mit Hunger, weniger Dosen ... einfache Rechnung.

Dabei sind die Konserven begehrt. Erbensuppe aus der Feldküche: Es schmeckt eben nur so gut, wenn man viel kocht, die Masse macht's. Die Dosen kochen zwei Stunden, danach werden sie heruntergekühlt und fertig ist das Produkt, eine Mahlzeit mit langer Haltbarkeit. Die Kon-

serven gehen zu 70 Prozent in die alten Bundesländer, 30 Prozent werden im Osten verkauft. So über den Daumen gepeilt, denn einige gehen auch ins Ausland. Längst ist aus dem Imbissstand eine *Suppenmanufaktur* geworden. Die beliebte Erbsensuppe gibt es an 365 Tagen im Jahr, nur am

Mit der Schmalspurbahn durch den Harz

Heiligabend schließt der Imbiss bereits um 14 Uhr. So gesehen ist die berühmte Schmalspurbahn längst nicht mehr die einzige dampfende Spezialität des kleinen Örtchens Elend im Harz.

(MDR)-Sendung
„Der Harzer Erbsenkönig" mit
Jürgen Kurkiewicz, Elend

Erbsensuppe

Zutaten für 4 Personen

20 g Schweineschmalz

100 g geräucherter Speck

2 Zwiebeln, 100 g Möhren

100 g Knollensellerie, 1 Stange Porree

500 g Schälerbsen

8 TL Gemüsebrühpulver (Instant)

1 TL gerebelter Majoran

300 g Kartoffeln

Salz, Pfeffer, 1/2 Bund Petersilie

Schweineschmalz im Topf auf niedriger Stufe schmelzen. Klein gewürfelten Bauchspeck dazugeben und auslassen. Dann die klein gehackten Zwiebeln mitdünsten, bis sie glasig sind. Gewürfelte Möhren, Sellerie und kleingeschnittenen Porree dazugeben. Die Temperatur hochdrehen und unter Rühren alles kurz andünsten. Nicht zu lange, damit nichts anbrennt.

1 Liter Wasser hinzugeben und alles verrühren. Jetzt die Erbsen unter Rühren hinzufügen und dann das restliche Wasser aufgießen. Alles zum Kochen bringen. Dann die Gemüsebrühe (1 TL pro 1/4 Liter Wasser) und Majoran dazugeben. Bei niedriger Stufe köcheln lassen.

Nach ca. **20 Minuten** die gewürfelten Kartoffeln dazugeben und alles weitere **40 Minuten** köcheln lassen. Dabei öfter umrühren. Mit weißem Pfeffer und etwas Salz abschmecken. Gehackte Petersilie unterrühren.

Tipp

*Der Anteil an Bauchspeck kann bis ca. 200 g erhöht werden. Natürlich kann man auch ungeschälte Erbsen nehmen, diese müssen allerdings ca. **12 Stunden** eingeweicht werden. Ein Nachteil sind dann die Erbsenschalen im Eintopf.*

Ganz und gar regional: altmärkisches Zungenragout

In Winterfeld leben 240 Menschen. Erika Kamieth ist eine von ihnen. Hier geboren, nie weg gewesen. Ortsverbunden und bodenständig, das ist sie. Irgendwann hat sie hier im Ort damit angefangen, Schritt für Schritt das Wohnhaus zu einer Gaststätte um- und auszubauen. Seit den 1970er Jahren ist sie die Wirtin von Winterfeld. Am Anfang gab es noch kein reguläres Restaurantgeschäft, sondern nur einen Imbiss und am Wochenende die eine oder andere Familienfeier. So groß, dass ein Koch oder eine Köchin nötig gewesen wären, war der Gasthof nicht. Es genügte, eine *Kochfrau* zu holen, und die hat dann speziell für diesen einen Tag oder die eine Veranstaltung gekocht. Ganz so, wie es seit Jahrhunderten in der Altmark Sitte war, als die Kochfrauen von Dorf zu Dorf gingen und überall dort kochten, wo sie gebraucht wurden, bei Festen und Feierlichkeiten, auch privat.

Längst ist aus Erika Kamieths „kleinem" Umbau das „Landhotel Winterfelder Hof" geworden. Der traditionell altmärkischen Küche ist sie natürlich treu geblieben, auch wenn sie manchem Gericht einen *modernen Pfiff* verpasst. Zu diesen altmärkischen Spezialitäten gehört *Zungenragout*. Früher eine Speise für den Festtagstisch, heute leider nicht mehr ganz so geschätzt auf der Liste der Lieblingsspeisen. Dabei ist es etwas Besonderes!

Erika Kamieth bereitet ihr „Ragout á la Kamieth" nach einem alten Rezept zu und setzt dafür auf regionale Qualität. Da ist zum einen Heiner Reppin, der lokale Gemüsehändler. Allerdings einer der besonderen Art. Die Wendezeit hat den diplomierten Schweinezüchter weg vom Stall, hin aufs Feld getrieben. Und direkt in Erika Kamieths Küche. Er liebt ihre frische und direkte Art. Sie liebt sein frisches Gemüse.

Als dritter im Bunde spielt Tobias Süßmilch eine wichtige Rolle. Der Fleischer hat den ehemaligen LPG-Stall gepachtet und züchtet dort Schweine. Für ihn ein reiner Freizeitspaß nach Feierabend. Sein gro-

Landhotel „Winterfelder Hof"

ßes Plus: Als Fleischer weiß er, was in einem konventionellen Stall gefüttert wird. Und er weiß, was seine Schweine fressen und dass sie daher anders, also besser schmecken. Auch ihre Zungen!

In der Altmark ist es typisch, nur Schweinezungen zu verarbeiten; das ist auch die klassische Art des Ragouts. Und Ragoutwürstchen gehören dazu. Kein Altmärker Zungenragout ohne Ragoutwürstchen. Die kommen selbstverständlich vom Fleischermeister Süßmilch. Der weiß auch, wieso die Würstchen ein Muss sind und so klein sein müssen: Na, damit man die mit einem Löffel es-

sen kann. Ein bisschen Soße auf dem Löffel, ein paar Zungenstückchen und noch ein bisschen Würstchen dazu, dann alles zusammen in den Mund. Das ist perfekt.

Gemüse, Zunge, Würstchen – was noch fehlt, ist das Weißbrot. Das holt Erika Kamieth ein paar Kilometer weiter in Apenburg. Hier hat Karin Beier, gebürtige Rheinländerin und seit mehr als 20 Jahren Altmärkerin aus Überzeugung, die erste Bio-Bäckerei Sachsen-Anhalts eröffnet. Das Besondere: In ihrer Bäckerei arbeiten nur Frauen. Ohne Frage hat ihr Beruf Karin Beier vor Jahren, bei ihrer Ankunft in ihrer

Wahlheimat, vieles erleichtert. Bis heute schwärmt sie von dem, was die Menschen dieser Region in ihren Augen auszeichnet: das Zuverlässige, Bodenständige, Nachvollziehbare und Fleißige ... die Altmark als Wiege Preußens, wie sie sagt. Das hat sie überzeugt.

Erika Kamieth ist mindestens ebenso vom Weißbrot aus Apenburg überzeugt und holt es persönlich für ihr Ragout.

(MDR)-Sendung **„Zungenragout"** mit *Erika Kamieth, Winterfeld*

Zungenragout

Zutaten für 4 bis 6 Personen

2 kg Schweinezunge

Salz, 2 Lorbeerblätter, Piment

1 Wurzelwerk (Möhren, Knollensellerie, Lauch, Petersilienwurzel, Petersilie)

175 g Butter

150 g Mehl

ca. 1 l Brühe (Gemüsefond)

Salz, Pfeffer

Worcestershiresauce, Rotwein

200 g Ragoutwürstchen (ca. 3 cm lang)

alternativ 150 g kleine Champignons

etwas Zitronensaft

Die Zunge waschen und in einem großen Topf mit so viel Wasser aufsetzen, dass sie gut bedeckt ist. Salz, Lorbeerblatt und Piment zugeben, zum Kochen bringen und mindestens *2 Stunden* leise siedend kochen lassen. Eventuell etwas Wasser nachgießen. Dabei immer wieder den Schaum abschöpfen, damit die Brühe klar bleibt. Erst gegen Ende der Kochzeit das geputzte, kleingeschnittene Wurzelwerk zugeben. Die Zunge ist gar, wenn sich die Spitze einfach einstechen lässt.

Die gare Zunge kurz abschrecken und die Haut abziehen. Noch warm funktioniert das am besten. Die gehäutete Zunge zur Seite stellen und auskühlen lassen.

Den Kochfond durch ein Sieb gießen und für die braune Soße (Einbrenne) bereitstellen. Dazu die Butter in einem großen Topf schmelzen und nach und nach das Mehl zugeben. Erfahrungsgemäß sollte immer etwas mehr Fettigkeit als Mehl verwendet werden, damit nichts anbrennt. Butter und Mehl unter ständigem Rühren bräunen, fast bis zum Anbrennen. Das erfordert ein wenig Übung.

Die so entstandene Mehlschwitze mit Kochfond auffüllen, bis die Soße eine sämige Konsistenz hat. Dann mit den restlichen Gewürzen kräftig abschmecken und den Wein einrühren.

Die abgekühlte Zunge zuerst in Scheiben und dann in Streifen oder mundgerechte Stücke schneiden. Die Ragoutwürstchen – eventuell nochmal halbiert –, etwas vom Gemüse und Champignons zur Soße geben. Die Einlagen sollen so groß (oder klein) sein, dass alles problemlos gelöffelt werden kann.

Das fertige Ragout nochmals aufkochen, dabei ab und an umrühren und vor dem Servieren kräftig abschmecken.

Traditionsgemäß isst man Weißbrot dazu, das in kleinere Stücke gebrochen und zum „Ditschen" der Soße verwendet wird.

Tipp

Alternativ kann man statt der Ragoutwürstchen – oder zusätzlich – auch kleine Hackbällchen in das Ragout geben.

Kulinarischer „Nestbau": das Harzer Würzfleisch

Am Fuß der Burg Falkenstein im Harz liegt das „Gartenhaus". Es wurde vor rund 400 Jahren errichtet und wenige Jahre danach bereits als Gasthaus genutzt. Die heutigen Gastronomen, Familie Jerusel, betonen gern, dass hier seit rund 360 Jahren Bier ausgeschenkt wird.

Die Jerusels kümmern sich zwar „erst" seit rund 20 Jahren um das Wohl ihrer Gäste, doch das mit Herz und Seele. Ob in der Küche, im Service oder Management – überall *jeruselt* es: Vater Lutz ist zuständig für alles Organisatorische, die Söhne kochen, Tochter und Lebensgefährtin arbeiten im Service. Allesamt Harzer und Liebhaber der Harzer Küche.

Der Verkaufsschlager auf der Karte ist das hausgemachte *Harzer Würzfleisch*. Das hat bei Jerusels einen besonderen Pfiff: Es wird im Kartoffelnest überbacken. Die eigentliche Besonderheit aber ist, dass es nach wie vor nach dem alten DDR-Rezept zubereitet wird. Das ostdeutsche *Würzfleisch*, ursprünglich eine Abwandlung des französischen „Ragout fin", ist längst selbst ein Klassiker. Verwendet wird Schweine- statt Kalbfleisch (wann gab es schon einmal Kalbfleisch im volkseigenen HO-Fleischerladen). Für ihr *Harzer Würzfleisch* beziehen die Jerusels die Schweineschulter von der Fleischerei Bürger aus Molmerswende. Regionale Qualität ist ein Muss. Ansonsten ist die Zubereitung traditionell, mit heller Mehlschwitze und Fleischbrühe, abschließend mit Käse überbacken, dazu ein Zitronenstück und die unverzichtbare, eingedeutschte Worcestershiresauce, die, wie schon seit hundert Jahren, aus der Flasche kommt: als „*Worcestersauce Dresdner Art*".

Ihren eigentlichen Ursprung hat die Sauce mit dem seltsamen Namen in England. Ein Zufall brachte sie – oder zumindest ihre spezielle Abwandlung – nach Deutschland. 1870 gründete Carl Heinrich Schmieder in Dresden eine Konservenfabrik und Sohn Carl lernte 1910 beim Skifahren in der Schweiz von einem Engländer die Worcestershiresauce kennen, benannt nach der englischen Grafschaft.

Allerdings schrieb sich Carl das Rezept nicht auf und rührte nach seiner Rückkehr zusammen, woran er sich erinnerte. So entstand die Worcestersauce Dresdner Art. Die wurde bis zur Wende in Dresden nach Schmieders Originalrezept produziert. Danach war Schluss mit der Produktion in der Elbestadt. Doch das hat der Beliebtheit der Sauce nicht geschadet. Für die

Burg Falkenstein

Ostdeutschen ist sie nach wie vor ein echter Geschmackskick, und mit der scharfen, süß-säuerlichen Delikatesse aus Tomatenmark, Essig, Dessertwein, Tamarindenmus, Sardellenpaste und anderen Zutaten wird gern und reichlich nachgewürzt – auch wenn an Dresden nur noch das Etikett erinnert. Selbstverständlich ist kein Würzfleisch ohne sie denkbar! Das sehen auch die Stammgäste im „Gartenhaus" und Liebhaber des *Harzer Würzfleisches* so.

(MDR)-Sendung **„Harzer Würzfleisch"** mit *Familie Jerusel, Falkenstein, „Gartenhaus" der Burg Falkenstein, Harz*

Genießer dieser Spezialität des „Gartenhauses" findet man überall im Südharz, so auch in Gernrode. Hier fährt nicht nur die Selketalbahn pünktlich. Auch die Uhren schlagen ganz genau. Jedenfalls die des Harzer Uhrenmuseums. Die Mitglieder des „Gernroder Uhrenmuseum e. V." haben einen Vogel, bzw. schwören auf den Kuckuck. Sie setzen sich für die Harzer Kuckucksuhren ein, die früher im VEB Harzer Uhren für den Schwarzwald gebaut wurden.

Im „Gartenhaus" der Burg Falkenstein wird inzwischen am Nest gebaut. Nicht für den Kuckuck, sondern für das Würzfleisch. Die Vereinsmitglieder gehören zu den Stammgästen und erwarten „ihr" Würzfleisch: Kann man nur weiterempfehlen und immer wieder essen!

Harzer Würzfleisch im Kartoffelstroh

Zutaten für 4 Personen

für das Würzfleisch:

600 g Schweinefleisch aus der Schulter

Salz, Pfeffer, Piment

Lorbeerblätter

2 Zwiebeln

30 g Butter

60 g Mehl

frischgepresster Zitronensaft

Weißwein, halbtrocken

Worcestersauce

mittelalter Gouda, gerieben

für das Kartoffelstroh:

8 mittelgroße Kartoffeln, vorwiegend festkochend

Öl zum Braten/Frittieren

Fleisch waschen, trockentupfen und in grobe Stücke schneiden. In einem Topf mit kaltem Wasser (Fleisch sollte knapp bedeckt sein), Salz, Pfeffer, Zwiebeln, Piment und Lorbeerblättern zum Kochen bringen. Ca. *1 bis 1,5 Stunden* langsam köcheln.

Zwischendurch immer wieder den Schaum abschöpfen, damit die Brühe klar bleibt. Das Fleisch ist weich, wenn es leicht von der Fleischgabel gleitet.

Fleisch aus dem Topf nehmen und die Brühe durch ein feines Sieb abgießen, zur Seite stellen.

Das abgekühlte Fleisch in kleine Würfel schneiden.

In einem Topf Butter zerlassen, anschließend Mehl hinzugeben und verrühren. Sind Butter und Mehl gut vermischt, nach und nach unter Rühren so viel Brühe angießen, bis eine sämige Soße entsteht. Darauf achten, dass keine Klümpchen entstehen. Soße köcheln lassen und mit Zitronensaft und Weißwein pikant abschmecken. Mit Worcestersauce, Salz und Pfeffer würzen.

Das gewürfelte Fleisch in die Soße geben und unterrühren.

Für das Kartoffelstroh die Kartoffeln gut waschen, schälen und in feine Streifen schneiden, Art „Julienne". Ausreichend Öl in eine Fritteuse oder einen geeigneten Topf füllen und erhitzen.

Die Kartoffelstreifen in ein Metallsieb geben und im heißen Fett so lange braten, bis die Streifen eine goldbrau-

ne Färbung annehmen. Kartoffelstroh auf Küchenkrepp abtropfen lassen und anschließend wie ein Nest auf einen hitzefesten Teller geben.

Das Ragout auf das Kartoffelstroh geben. Mit mittelaltem Gouda im Ofen bei *200 °C* Oberhitze überbacken. Mit Zitronenscheibe und Worcestersauce servieren.

Tipp

Das Ragout kann auch portionsweise in kleine Auflaufförmchen gefüllt und mit Käse überbacken werden. Dann Toastbrot zum Würzfleisch servieren. Worcestersauce ist unverzichtbar.

Der Wildhändler – Jäger und Küchenmeister zugleich

Fünfzig Jäger sind der Einladung zur Treibjagd in den Dietersdorfer Forst gefolgt. Männer und einige Frauen. Der Waldbesitzer und Ausrichter der Jagd erklärt: Heute jagen wir Bachen.

Einer ist oft dabei. Er wird nach der Jagd die zur Strecke gebrachten Tiere verwerten: Wildhändler Helmut Reise. Mit Cliff, seinem Deutsch-Stichelhaar, geht er zu dem für ihn reservierten Hochstand. Von hier aus hat er gute Einsicht in zwei Waldschneisen. Das Jagdglück lässt nicht lange auf sich warten. Und die Treiber spüren die erlegte Wildsau schnell auf. Dem Jäger bleibt etwa eine Stunde, um das von ihm erlegte Wildbret aufzubrechen. Wenn das Wild zu lange liegen bleibt, verdirbt das Fleisch. Im Forst wird die Beute zusammengetragen. Das erlegte Wild gehört dem Waldbesitzer. Einzelne Jäger werden ihr Stück erwerben. Das meiste aber wird in Wippra bei Helmut Reise landen.

Vor der Wende arbeitete Reise als Küchenmeister für den Forstbetrieb,

1991 eröffnete er seinen Wildhandel. Seine Geschäftsräume liegen auf dem Gelände des ehemaligen Forstamtes Wippra am Fuße des Harzes. Dort hat Sohn Markus mit dem Zerlegen des Wildbrets begonnen. Seit beinah 10 Jahren arbeitet er im Betrieb seines Vaters. Sein Handwerk

Jäger und Wildhändler: Helmut Reise

versteht er inzwischen mindestens ebenso gut wie der Senior. Bei Reises werden fast alle im Südharz erlegten Wildtiere verarbeitet.

Für die Männer stehen die Vorteile des Wildfleisches außer Frage. Wildbret ist eine kulinarische Köstlichkeit, rein Bio, wenn man es so

ausdrücken will. Auf jeden Fall reich an Mineralstoffen, Proteinen und Vitaminen, fettarm und leicht verdaulich ... und es kommt nach kurzen Transportwegen frisch in die Küche. Bevor es jedoch so weit ist, kommt der zuständige Tierarzt zur Fleischbeschau. Seine Aufgaben sind klar definiert: Das Wild muss den gesetzlichen Vorschriften für Lebensmittel entsprechen.

Schwarzwild – begehrtes Wildbret

Wer sein Wildbret bei Reises kauft, ist auf der sicheren Seite. Alles, was nicht den strengen Maßstäben des Veterinärs genügt, kommt nicht in die Verarbeitung. Oder anders ausgedrückt: Was bei Reises über den Ladentisch geht, ist beste Qualität. Wohl auch einer der Gründe, dass das Unternehmen Reise über die Grenzen Sachsen-Anhalts hinaus bekannt ist. 2012 feierte der Wildhandel sein zwanzigjähriges Firmenjubiläum.

Bis heute bereitet der erfolgreiche Wildhändler und Jäger seinen Freunden und Kollegen zu besonderen Anlässen eine Wildsau am Spieß zu. Dann wird der Jäger gern wieder zum Küchenmeister. Und vom Grillen versteht Helmut Reise eine ganze Menge. Die wichtigste Zutat,

so seine feste Überzeugung, ist das eigene Fett des Wildschweins. Und jede Menge Zeit. So ein Wildschwein kann sich gut und gerne fünf Stunden am Spieß drehen, bis es eine rechte Gaumenfreude ist. Erst dann gibt es Wildschwein satt. Mit Rotkohl und Kartoffelklößen.

In der heimischen Küche oder beim Grillfest im Garten wird nur in Ausnahmen eine ganze Wildsau auf dem Spieß landen. Auf den Genuss gegrillten Wildfleisches muss man trotzdem nicht verzichten. Hier zwei schmackhafte Varianten.

(MDR)-Sendung **„Der Wildhändler"** mit *Helmut Reise, Wippra*

Gegrillte Wildrouladen

Zutaten für 4 Personen

*4 dünne Schnitzel aus der Keule vom jungen Wildschwein
(alternativ Reh oder Hirsch)*

Salz

1 Zwiebel

2 – 3 mittelgroße Champignons

1 rote Paprika, 1 EL Öl

Wildschweinschnitzel unter Frischhaltefolie klopfen, waschen, trockentupfen und salzen. Die Zwiebel abziehen und in feine Würfel schneiden. Champignons und Paprika putzen und ebenfalls fein würfeln. Die gehackte Zwiebel im heißen Öl glasig schwitzen, dann die Pilz- und Paprikawürfel zugeben. Alles kurz dünsten, das Gemüse soll bissfest sein und die Zwiebel darf nicht schwarz werden.

Die Mischung direkt aus der Pfanne heiß auf den Fleischscheiben verteilen. Das Fleisch fest aufrollen und mit Rouladennadeln befestigen. Mit Öl bepinseln, unter häufigem Wenden im gut vorgeheizten Grill garen.

Fotos zu nebenstehendem Rezept

Wildschweinspieße

Wildschweinspieße vom Grill

Zutaten für 4 Personen

Wildschweinfilet (ca. 1 kg)

Salz, Pfeffer

1 Knoblauchzehe

1 EL Kräuter der Provence

1 TL Wacholderbeeren

1 TL Pfefferkörner

1 Tasse Olivenöl

2 Zwiebeln

2 rote Paprikaschoten

200 g roher Schinken

Das küchenfertige Wildschweinfilet waschen und mit Küchenpapier trockentupfen. Dann in mundgerechte Stücke schneiden, mit Salz und Pfeffer würzen und in ein geeignetes Gefäß legen. Gefrierbeutel eignen sich sehr gut zum Marinieren, da das Fleisch so von allen Seiten mit der Würzmischung umgeben ist.

Die Knoblauchzehe abziehen und mit 1 TL Salz im Mörser zerreiben. Kräuter der Provence, Wacholderbeeren und Pfefferkörner dazugeben und ebenfalls im Mörser zerstoßen. Alle Gewürze zum Olivenöl geben und die Ölmarinade gut verrühren. Über das Filet verteilen und im Kühlschrank mindestens **2 bis 3 Stunden**, besser über Nacht, ziehen lassen. Dabei das Fleisch öfter wenden bzw. den Gefrierbeutel ab und an schütteln.

Vor dem Grillen die Zwiebeln putzen, die Paprikaschoten halbieren, entkernen und mit den Zwiebeln in mundgerechte, aber nicht zu kleine Stücke schneiden. Den Schinken in ca. 1 cm dicke Scheiben schneiden. Das Wildschweinfilet aus der Marinade nehmen, kurz abtropfen lassen und mit dem Gemüse und dem Schinken abwechselnd auf Spieße stecken. Diese mit der restlichen Marinade bestreichen und auf dem heißen Grill garen. Dazu schmeckt Knoblauchbrot.

Silvesterkarpfen aus dem Kernersee

Silvesterbräuche gibt es viele. Auch solche, bei denen der Karpfen eine wichtige Rolle spielt. Eine besonders schöne Karpfenschuppe im Portemonnaie verspricht Geldsegen für das kommende Jahr. Für manche ist auch gleich der komplette Fisch ein Symbol für Wohlstand und Glück. Kein Wunder, dass der traditionelle Silvesterkarpfen gern auf dieser Erfolgswelle schwimmt und sich darauf verlässt, dass der Appetit auf Altvertrautes, halt Großmutters Rezepte, ungebrochen ist.

Mit diesen Gedanken im Kopf rücken die Berufsfischer vom Kernersee im Mansfelder Land am frühen Morgen aus zum Abfischen. Im Dezember erreicht die Karpfensaison schließlich ihren Höhepunkt, und Fischereibesitzer Ulrich Kulawik will gut gerüstet sein. Gefischt wird durchaus auf die traditionelle Weise; die Zugnetzfischerei wurde aber etwas modernisiert; was früher reine Muskelkraft war, überlassen die Fischer heute gern Motoren, die das Netz heranziehen. Beim reichen Fischbestand des Kernersees eine echte Erleichterung der Arbeit: Hecht, Zander, Karpfen,

Schleie ... über 30 Arten tummeln sich in den Mansfelder Gewässern. Wirklich freiwillig fangen lassen die sich alle nicht.

Das müssen auch die Angelfreunde vom Halleschen Anglerverband zugeben. Schon seit über 100 Jahren zieht es junge und jung gebliebene Petrijünger an den Saalestrand. Karpfenjagd hat hier Tradition. Der Geschäftsführer des Verbandes, Ralf Möller, will zu Silvester einige Freunde mit dem traditionellen Karpfen bewirten. Logisch, dass es ein selbstgefangener aus dem Kernersee sein soll. Doch der Karpfen ist schwer zu überlisten, eben eine Herausforderung. Karpfen kommt im Winter zwar häufig auf den Tisch, aber selten an den Haken. Sobald die Wassertemperatur unter 13 Grad sinkt, frisst sich der Fisch Winterspeck an, da haben Angler eine gute Chance. Noch kälteres Wasser jedoch lässt die Fresslust einschlafen ... und den Karpfen auch. Er gönnt sich eine Art Winterruhe.

Noch hoffen die Angler. Wenn einer weiß, wie man Karpfen fängt, ist das Frank Tetzlaff, Inhaber des ältesten

Ein guter Fang!

Angelfachgeschäfts in Halle und ein Mann der Praxis. Heute ist er Routinier und mit seinem Laden bestens gerüstet für alle nur denkbaren Fangvorhaben. Daher verlässt sich auch Möller gern auf seinen Partner. Am Angelplatz jedoch hat sich noch kein Abendessen eingefunden. Nicht für jeden Jäger scheint die Kälte erfolgversprechend. Der gesuchte Glücksbringer macht sich anscheinend rar.

Oder auch nicht. Denn im Gegensatz zu den Anglern beschert das kalte Wetter den Fischern reiche Beute. Sie haben die Fische mit dem Fangnetz umzingelt und müssen nun das Netz möglichst schnell zusammenziehen, damit die Fische, die unruhig werden, nicht wieder flüchten. Wie zu erwarten läuft alles bestens. Gut eine Tonne Fisch, lautet die Bilanz des Fangtages. Die Fischer sortieren ihren Fang, vorwiegend Karpfen, nach Größe, auch Zander und Hechte sind ihnen ins Netz gegangen. Alles, was zu klein ist, darf zurück ins Wasser.

Ralf Möller und seine Angelfreunde hatten für ihr Abendessen auf selbst gefangenen Fisch gesetzt. Karpfen blau sollte es geben, bevor die Silvesterparty steigt. Aber die Karpfen wollten einfach nicht. Zum Glück gibt es den Fisch fangfrisch aus dem regionalen Angebot. Beste Kriterien für den Silvesterkarpfen. Für Möller ein guter Kompromiss, und so kann er für das Abendessen mit Freunden einen Karpfen bläuen. 300 Gramm pro Person rechnet der Hobby-Koch, da wird jeder garantiert satt.

(MDR)-Sendung
„Der Silvesterkarpfen" mit
Ulrich Kulawik,
Fischerhof am Kernersee,
Seegebiet Mansfelder Land

Karpfen blau nach Ralf Möller

Zutaten für 4 bis 6 Personen

1/2 – 1 Meerrettichwurzel

1 Becher (200 ml) Schlagsahne

grobes Meersalz

2 Möhren, 1 Stange Lauch, 1 Fenchelknolle

ca. 100 g Butter

1 Glas Gemüsefond (FP)

1 Karpfen, ausgenommen (ca. 2 kg)

Salz, Pfeffer

1 Bund Dill, 1/2 Bund Petersilie

1/4 l Weißweinessig

500 g Kartoffeln

Den Meerrettich schälen und reiben, die Menge richtet sich nach der gewünschten Schärfe.

Die Sahne schlagen und den geriebenen Meerrettich unterheben, mit dem Meersalz würzen.

Das Gemüse putzen und in kleine Stücke schneiden. Die Butter in einer Pfanne oder einem großen Topf zerlassen und das Gemüse darin anschwitzen. Sobald es glasig ist, Gemüsefond zugeben und das Gemüse *einige Minuten* bissfest dünsten. Dann zur Seite stellen.

Den küchenfertigen Karpfen vorsichtig von innen und außen spülen. Dabei die äußere Haut nicht beschädigen und Karpfen nur mit nassen Fingern an der Außenhaut anfassen, sonst wird er später nicht blau. Innen salzen, mit Dill und Petersilie füllen. Backofen auf **180 °C** vorheizen. Ein Backblech mit zwei ausreichend großen Stücken Alufolie belegen, die obere Folie reichlich mit zerlassener Butter bestreichen.

Zum Bläuen des Karpfens 1 Liter kochendes Wasser mit dem Weißweinessig vermischen und vorsichtig über den Karpfen gießen. Die Schleimhaut reagiert mit der Essigsäure und die Haut wird blau.

Sobald der Karpfen schön blau ist, den Fisch vorsichtig in die Mitte des Bleches auf die vorbereitete Folie legen, das vorgegarte Gemüse um den Karpfen verteilen, etwas Gemüsefond dazugeben und die Alufolie fest verschließen, so dass Fisch und Gemüse rundum gut eingepackt sind.

Das Paket im vorgeheizten Ofen ca. *45 Minuten* garen. In der Zwischenzeit Kartoffeln schälen und kochen, mit etwas Petersilie anrichten. Den fertigen Karpfen aus der Folie nehmen und mit den Petersilienkartoffeln servieren.

Köstliches aus vergangener Zeit: Lostauer Schwarzsauer

Es gibt traditionelle Gerichte, die auf Speisekarten nur selten oder gar nicht zu finden sind. Und doch kennt man sie gerade in ländlichen Gegenden, weitergegeben von Generation zu Generation. Eines davon ist „Schwarzsauer", ein Essen, das für Erika Lauenroth aus Lostau bei Magdeburg mit vielen Erinnerungen verbunden ist. Die alte Dame hat die Zubereitung von ihrer Mutter gelernt. Obwohl sie dieses Essen liebt, hat sie es schon viele Jahre nicht mehr gekocht. Nicht jeder in ihrer Familie mag es. Und tatsächlich ist „Schwarzsauer" eine Spezialität, an der sich die Geister scheiden. Einst auf den Dörfern entstanden, um die Reste vom Schlachten zu verwerten, verwendet man als Zutat nicht nur Gänseklein, sondern auch Gänseblut.

Für Erika Lauenroth ist „Schwarzsauer" mit Kartoffelklößen eine Köstlichkeit mit dem Geschmack einer vergangenen Zeit. Damit das alte Rezept nicht endgültig verlorengeht, möchte sie es an die nachfolgenden Generationen weitergeben, an Tochter Renate Walter und Enkelin Katharina Kühn. Renate Walter hat den Landgasthof „Zur Erholung" in Lostau von ihrer Mutter übernommen und kennt die Vorzüge der regionalen Küche.

Das vermutlich um 1850 erbaute Haus kauften die Urgroßeltern der heutigen Inhaberin im Jahr 1872. Schon wenige Jahre danach baute das Gastwirtsehepaar einen Saal an und errichtete 1907 die Scheune. Die steht bis heute und beherbergt nun behagliche Hotelzimmer. Die zentrale Lage mitten im Ort Lostau tut der ruhigen und gemütlichen Atmosphäre keinen Abbruch. Alles wurde mit viel Liebe zum Detail renoviert, und das Frauen-Team setzt auf familiäre Gastlichkeit und Köstliches aus der Region.

Der Familienbetrieb im Jerichower Land ist seit vier Generationen auf Erfolgskurs und weit über die Grenzen des kleinen Ortes hinaus bekannt. Regelmäßig erscheint der Landgasthof im Gourmet-Journal

Blick in „Völckes Hofladen", Lemsdorf

„Feinschmecker" und ist im Reiseführer „Deutschlands beliebteste Landgasthöfe" vertreten. Das verdankt er nicht zuletzt seinen regionalen Wurzeln und der konsequenten Verwendung ausschließlich frischer Produkte, die größtenteils aus der heimischen Landwirtschaft stammen.

Erika Lauenroth kennt sich im Landgasthof bestens aus. Vor ihrer Tochter hatte sie hier das Sagen. Nun will sie es noch einmal wissen. Die „Jungschen" sollen sehen, wie das geht mit dem „Schwarzsauer". Über Jahrhunderte war das ein Gericht für den 3. Weihnachtstag, wenn alle vom traditionellen Gänsebraten mehr als satt waren, aber trotzdem auf einen kleinen Imbiss nicht verzichten wollten. Auch ließ die sorgende Hausfrau nichts verkommen, schon gar nicht irgendwas von dem, was beim Schlachten der Gänse anfiel.

Das Gänseklein wurde komplett genutzt: Magen, Herz, Kopf, Flügel, Hals, ... und selbstverständlich das Gänseblut. Wer heutzutage nicht selbst schlachtet, wird jedoch nicht an Gänseblut kommen und kann dann auch kein „Schwarzsauer" kochen; von fertig gekauftem Gänseklein lässt sich eigentlich nur „Weißsauer" zubereiten, dem die typische Farbe fehlt, die das Gericht

Drei Generationen in einer Küche

dem Gänseblut verdankt. Übrigens, Schweineblut, das manche Fleischer auf Nachfrage anbieten, ist kein Ersatz. Es schmeckt nicht zur Gans. Glücklicherweise kennt die Matriarchin vom Lostauer Landgasthof die Geschwister Marie-Christin und Christian. Die sind auf Magdeburgs einzigem Bauernhof in Lemsdorf aufgewachsen. Hier betreibt die Familie schon seit über 100 Jahren „Völckes Hofladen" – Direktvermarktung ist also keine Erfindung der Neuzeit.

Die Urgroßeltern Ernst und Lina Völcke setzten bereits 1907 auf frische Naturprodukte, kurze Wege zu den Verbrauchern und eine artgerechte und natürliche Tierhaltung.

Das für die Region typische, traditionelle Gericht „Schwarzsauer" kennen die jungen Völckes zwar nicht, sind aber neugierig und wollen die rüstige Köchin mit den nötigen Zutaten von ihrem Hof versorgen. Dann kann es ja losgehen.

(MDR)-Sendung **„Schwarzsauer"** mit
Erika Lauenroth, Lostau bei Magdeburg,
Landgasthof „Zur Erholung" in Lostau

Schwarzsauer

Zutaten für 4 bis 6 Personen

von 2 Gänsen jeweils Mägen, Hälse, Herzen und Flügel

Salz, 2 Lorbeerblätter

8 – 10 Gewürzkörner, 3 Gewürznelken

1 Bund Suppengrün

5 aromatische Birnen, 1 – 2 EL Zucker

250 ml Gänseblut

2 EL Mehl, 2 EL Essig, Zucker

Klöße:

1 kg Kartoffeln

3 Eier, 3 – 4 EL Mehl

100 g Butter, Salz

2 Scheiben Weißbrot

Gänseklein küchenfertig vorbereiten, von den Mägen die Innenhaut abziehen, Flügel hacken.

1,5 Liter Wasser mit Salz, grob zerkleinertem Suppengrün und Gewürzen aufkochen, das vorbereitete Gänseklein zugeben. Bei schwacher Hitze ca. *2 Stunden* köcheln lassen.

Birnen schälen, vierteln, Kernhaus entfernen. Birnenviertel mit 1/2 l Wasser und 1 – 2 EL Zucker in einem kleinen Topf weich kochen.

Am Vortag gekochte, gepellte Kartoffeln durch die Presse drücken und mit den übrigen Kloßzutaten ohne Weißbrot verkneten. Aus der Masse Klöße formen. Weißbrot würfeln und in etwas zerlassener Butter rösten. 3 – 4 Brotwürfel in jeden Kloß drücken. Kartoffelklöße in Salzwasser gar ziehen.

Das Gänseklein aus der Brühe herausnehmen, Fleisch ablösen und in mundgerechte Stücke schneiden. Die Brühe durch ein Sieb geben, dann etwas Birnenkochsaft zugeben und das mit Mehl verrührte Blut mit einem Schneebesen schnell in die Brühe rühren. Mit Essig und Zucker süß-sauer abschmecken, Birnen- und Fleischstücke hineingeben. Schwarzsauer mit Kartoffelklößen servieren.

Tipp

Es kann auch tiefgefrorenes Gänseklein verwendet werden. Auf das Gänseblut muss man dann verzichten (was sicherlich einigen den Einstieg in diese Spezialität erleichtert). Das sogenannte „Weißsauer" wird genauso gewürzt wie das „Schwarzsauer", schmeckt aber weniger intensiv.

Altmärker Bötel mit Lehm und Stroh

Stendal hat viele Sehenswürdigkeiten und das Uenglinger Tor gehört ohne Frage dazu. Das Mitte des 15. Jahrhunderts erbaute Stadttor war nicht nur ein wichtiger Teil der mittelalterlichen Stadtbefestigung, sondern diente auch der Repräsentation der reichen Hansestadt. Seit seiner Restaurierung Ende der 1980er Jahre ist der Turm im Sommer wieder begehbar. Wer von hier oben seine Blicke über die Stadt schweifen lässt, wird gleich nebenan die „Ausspanne zur Alten Schmiede" entdecken und sollte dem Wirtshaus einen Besuch abstatten. Neben der Gastlichkeit des Hauses lockt vor allem der rustikale Charme des ehemaligen Handwerksbetriebs, von dem viele Details liebevoll erhalten wurden. Die früher größte Schmiede Stendals hat mehr als 130 Jahre auf dem Hausdach. Wirtin Petra Schleusner, die das alte Gebäude mit ihrem (inzwischen verstorbenen) Mann, mit Familie und Freunden in ein Gasthaus verwandelte, ist stolz auf „ihre" Schmiede. Im Interesse einer stimmigen Atmosphäre wurde lieber auf ein paar Plätze verzichtet, zugunsten des Schmiedefeuers, das hier täglich brennt, und vieler Werkzeuge.

Natürlich kommen nicht nur die Augen neugieriger Besucher zu ihrem Recht, auch die Mägen werden gut gefüllt. Vor allem immer dann, wenn die Inhaberin eine beliebte Altmärker Spezialität zubereitet: *Bötel mit Lehm und Stroh.*

In der Altmark geht es von alters her recht bodenständig zu. Stroh und Lehm waren gebräuchliche Baustoffe. Dazu passt doch, dass „Bötel" eine niederdeutsche Bezeichnung für Haus oder Hof ist. Bötel, Lehm und Stroh gehören also einfach zusammen. Ebenso wie Erbspüree (Lehm), Sauerkraut (Stroh) und Vordereisbeine (Bötel).

Petra Schleusner hat eine ganz eigene Beziehung zu dieser Spezialität. Nicht nur, dass sie seit Jahren alle Kniffe und Tricks kennt, wie dieses Gericht zu kochen ist. Andere Familienmitglieder leben sogar von Lehm und Stroh. Vor den Toren Stendals, in Hohengöhren, leitet Sohn Ludwig das zweite Standbein der Schleusners. Nach dem Firmenmotto „Lehm und leben lassen" stellt er gemein-

sam mit drei Angestellten nachhaltige Baumaterialien her, aus den regional verfügbaren Grundstoffen Stroh, Hanf, Wasser, Sand und Lehm. Schon vor 6 000 Jahren nutzten Menschen die schlichte Rezeptur für den Hausbau, vermengten die Grundstoffe mit den Händen und stampften sie mit den Füßen, bis sie den perfekten Baustoff hatten. Die Vorteile der Naturbaustoffe sind in Vergessenheit geraten. Ludwig Schleusner will sie mit seinem Unternehmen zu neuen Ehren und Absatzhöhen bringen. Und das scheint bestens zu funktionieren.

Das Uenglinger Tor, Stendal

Wer, wie er, immer mit Lehm und Stroh beschäftigt ist, kann natürlich nicht widerstehen, wenn in der „Alten Schmiede" das Traditionsgericht, von Muttern gekocht, auf der Karte steht.

Die Zubereitung scheint einfach, fordert aber Zeit und eine gute Portion Gespür für den richtigen Geschmack. Die Köchin schwört auf ihre Würzmischung aus Lorbeerblättern, Piment, Zwiebeln, Sellerie, Porree und Dill. Alles gibt sie nicht preis, nur so viel wird deutlich: Was im Sommer in Feld und Flur wächst, wird getrocknet, um auch im Winter verfügbar zu sein. Angesetzt in Wasser ergibt das einen würzigen Sud, in dem die Eisbeine mindestens zwei, drei Stun-

den gegart werden. Das Erbsenpüree ergänzt Petra Schleusner durch eine Variante mit weißen Bohnen. Ein bisschen Abwandeln muss einfach sein, und nur Erbsen wären doch recht trocken.

Das wirkliche Extra ihrer Zubereitung aber ist die Fertigstellung im selbstgebauten Lehm-Ofen. Der wird nur mit Buchenholz befeuert und spielt gern den Sensiblen. Doch die Chefin der „Alten Schmiede" weiß ihn zu nehmen. Längst hat sie den Koloss im Griff. Wenn das Wetter umschlägt, wird er etwas mehr beheizt, die Klappe ein wenig auf, dann wieder etwas zu ... der Aufwand lohnt. Die gebackenen Eisbeine sind eine Gaumenfreude der Sonderklasse.

(MDR)-Sendung **„Bötel, Lehm und Stroh"** mit
Familie Schleusner, „Ausspanne zur Alten Schmiede", Stendal

Eisbein mit Erbspüree und Sauerkraut

Zutaten für 4 Personen

2 gepökelte Eisbeine à 400 g

3 Zwiebeln

2 Nelken, 1 Lorbeerblatt

2 Bund Suppengrün

je 1 TL Pfeffer und Piment

1 EL Butterschmalz

500 g Sauerkraut

5 Wacholderbeeren

350 g getrocknete gelbe Erbsen

2 Kartoffeln

Pfeffer, Salz

1 TL gerebelter Majoran

150 g Frühstücksspeck

Die Eisbeine abspülen und trockentupfen. In einem großen Topf 3 Liter Wasser zum Kochen bringen und die Eisbeine hineingeben.

Eine Zwiebel mit Lorbeerblatt und Nelken spicken, zusammen mit 1 Bund Suppengrün und Gewürzkörnern in den Topf geben. Alles gut verschlossen bei kleiner Hitze etwa **90 Minuten** köcheln lassen. Dann die Eisbeine herausheben und die Brühe abseihen.

Für das Sauerkraut eine Zwiebel hacken und im heißen Butterschmalz glasig dünsten. Sauerkraut und die zerdrückten Wacholderbeeren hineingeben, mit 250 ml Eisbeinbrühe aufgießen und rund **1 Stunde** köcheln lassen. Während der letzten halben Stunde die Eisbeine auf das Sauerkraut legen und mitgaren lassen.

Inzwischen die abgetropften Erbsen mit 250 ml Eisbeinbrühe, einer gehackten Zwiebel, den geschälten Kartoffeln und dem zweiten Bund Suppengrün zum Kochen bringen. Mit Salz, Pfeffer und Majoran würzen und zugedeckt bei mittlerer Hitze **1 Stunde** kochen. Danach durch ein Sieb streichen oder mit einem Pürierstab pürieren, nochmals abschmecken. Den Speck in einer trockenen Pfanne auslassen und über den Erbsbrei und das Sauerkraut verteilen. Zusammen mit den Eisbeinen servieren.

Der König der Kuchen

Baumkuchen, der König der Kuchen und Kuchen der Könige, hat eine lange Tradition. Erste Erwähnungen stammen aus dem Jahre 1426 und wurden in einem italienischen Kochbuch gefunden. Seit Anfang des 19. Jahrhunderts gilt Salzwedel als Deutschlands Hochburg für Baumkuchen. Angeblich soll der Baumkuchen in Salzwedel erfunden worden sein.

Bettina Hennig, Chefin der ältesten *Baumkuchenbäckerei* am Ort, will mit ihren delikaten Produkten dieser Legende Zucker geben und verlässt sich dabei zu Recht auf das eigentliche Kapital der „Ersten Salzwedeler Baumkuchenfabrik": das von Andreas Schernikow im Jahr 1807 geschriebene *Rezeptbuch*. Der Bäckergeselle führte es während seiner Wanderschaft und sammelte Hunderte Rezepte für Kuchen, Torten und Gebäck, auch jenes einzigartige für den bis heute produzierten original Salzwedeler Baumkuchen. Das Originaldokument liegt sicher verwahrt im Banktresor.

Die lange, ruhmreiche Geschichte der Bäckerei ist dagegen immer und überall sichtbar. 1842 wurde der Schernikow'schen Bäckerei für den Baumkuchen die Schutzmarke erteilt, und der „König der Kuchen" kam zu königlichen Ehren. Von 1865 bis 1918 wurde der deutsche Kaiser regelmäßig mit dieser Spezialität beliefert. Baumkuchen aus Salzwedel gingen auch an die Höfe Österreichs, Englands, Russlands und Schwedens. Seit 1990 steht das englische Königshaus wieder auf der Kundenliste, seit 2004 das Haus Hohenzollern.

Die Baumkuchen entstehen nach wie vor in Handarbeit, streng nach der Rezeptur aus dem Jahr 1807 und über offenem Feuer gebacken. Aber anstelle des reitenden Boten, der einst die Köstlichkeit in einer hölzernen Schachtel nach Berlin oder Wien transportierte, erfolgt die Zustellung heute per Express in die ganze Welt.

Die Leidenschaft für Baumkuchen scheint der Salzwedler Bäcker-Dynastie in die Wiege gelegt. Die Hennigs backen bereits in der dritten Generation. 1956 stieg Oskar Hennig als Konditoreigeselle in den Betrieb der Schernikow-Nachfolger ein. Bei

Altstadt von Salzwedel

Gertrud Kruse lernte er die Baumkuchenherstellung von der Pike auf, überstand die Verstaatlichung, erbte 1984 von Frau Kruse das „Conditorei-Buch" und gründete nach der Wiedervereinigung die „Erste Salzwedeler Baumkuchenfabrik".

Die Schutzmarke für die Produktion des Baumkuchens nach traditioneller Rezeptur konnte wiedererlangt werden. Familie Hennig baute die traditionsreiche Firma wieder auf. Schließlich legte der Senior die Unternehmensführung in die Hände seiner Tochter, und auch Enkel Maik wird in seine Fußstapfen treten.

In der Konditorei bäckt man den Kuchen schichtweise, in 10 bis 20 Schichten, an einem sich drehenden Spieß über offenem Feuer. Beim Auftragen des Teiges entsteht die wellige Form. Anschließend wird die edle Nascherei mit Schokolade überzogen und in Ringen aufgeschnitten. Das Rezept des originalen Salzwedler Baumkuchens geben die Hennigs nicht preis.

Wer zu Hause einen Baumkuchen backen möchte, muss sich auf viel Arbeit einstellen und wird auf die baumstammähnliche Form verzichten müssen, es sei denn, er hat die nötigen Gerätschaften parat. Aber ein Baumkuchen aus der Kastenform ist auch so etwas wie ein Baumkuchen. Wichtig ist nur, den Kuchen während des Backens genau im Auge zu behalten, damit die einzelnen Schichten nicht zu dunkel werden.

(MDR)-Sendung **„Der König der Kuchen"** mit
Konditorin Bettina Hennig, Salzwedel

Baumkuchen

für eine Kastenform (25 x 11 cm)

für den Rührteig:

5 Eier (Größe M)

200 g weiche Butter

200 g Zucker

1 Pck. Vanillezucker

Salz, 4 cl Rum

125 g Weizenmehl

75 g Speisestärke

für den Guss:

150 g Zartbitterschokolade

3 TL Sonnenblumenöl

Kastenform fetten und den Boden mit Backpapier belegen. Den Grill des Backofens vorheizen.

Für den Rührteig 4 der 5 Eier trennen. Eiweiß sehr steif schlagen. In einer Rührschüssel die Butter mit dem Handrührgerät schaumig aufschlagen. Nach und nach Zucker, Vanillezucker und eine Prise Salz unter Rühren hinzufügen, bis eine gebundene Masse entsteht. Dann das letzte Ei mindestens 1 Minute auf höchster Stufe unterrühren, dabei den Rum zugeben. Die 4 Eigelb einzeln einrühren. Mehl und Speisestärke mischen, sieben und in 2 Portionen kurz auf mittlerer Stufe in den Teig rühren. Zuletzt den Eischnee vorsichtig unterheben.

1 bis 2 EL Teig mit einem Backpinsel gleichmäßig auf den Boden der vorbereiteten Kastenform streichen. Die Form auf den Rost in den Backofen schieben. Der Abstand zwischen Grill und Teigschicht sollte etwa 20 cm betragen. Die Teigschicht hellbraun backen (eigentlich grillen), pro Schicht rechnet man etwa *2 Minuten*.

Sobald die erste Schicht eine schöne Farbe hat, die Form aus dem Ofen nehmen und für die zweite Schicht wiederum 1 bis 2 Esslöffel Teig auf die bereits gebackene Schicht streichen. Die Form wieder unter den Grill schieben und backen. Auf diese Weise den ganzen Teig verarbeiten, dabei die Einschubhöhe nach Möglichkeit so verändern, dass der Abstand von etwa 20 cm zwischen Grill und Teigschicht bei allen Schichten bestehen bleibt.

Den fertigen Kuchen vorsichtig vom Rand der Form lösen, auf einen Kuchenrost (eventuell nochmals Backpapier unterlegen) stürzen, das Backpapier abziehen und den Kuchen erkalten lassen.

Inzwischen für den Guss die Schokolade grob zerkleinern und mit dem Öl über einem Wasserbad bei schwacher Hitze schmelzen. Den warmen, flüssigen Guss über den erkalteten Kuchen gießen und aushärten lassen. In feine Scheiben oder Streifen geschnitten servieren.

Tipp

Bei der Teigzubereitung darf kein Backpulver verwendet werden und das Verhältnis von Mehl, Butter und Ei muss 1:1:2 sein, sonst erhält der Teig nicht die richtige Konsistenz. Grundsätzlich besteht die Masse für den Baumkuchen nur aus Butter, Eiern, Zucker, Vanille, etwas Salz und Mehl; man kann Aromen wie Honig, Rum (oder anderen Alkohol), Nüsse, Marzipan oder auch Nougat hinzugeben. Am Grundrezept für den Baumkuchen darf jedoch nichts geändert werden, sonst läuft der Teig vom Spieß herunter – oder er wird zu fest und die einzelnen Schichten werden zu dunkel.

Der Fischer vom Arendsee

Wilfried Kagel ist Fischer in der fünften Generation. Seit 1967 bewirtschaftet er den Arendsee. Zuerst für die Fischereigenossenschaft, seit 1990 als Pächter des Maränenhofes in eigener Regie. Fischer ist er aus Leidenschaft und ein echter Naturmensch. Mit seiner Meinung hält er nicht hinter dem Berg. Im Supermarkt gibt es seiner Ansicht nach nur noch Filet oder Fischstäbchen. Keiner weiß mehr, wie ein Fisch aussieht. Da wird der gebürtige Mecklenburger zum Fisch-Missionar. Mit seinem anstrengenden Beruf pflegt Kagel eine alte Tradition und sorgt für kulinarische Leckerbissen. Und ein Fisch liegt ihm besonders am Herzen: *die kleine Maräne.*

Wilfried Kagel lebt in mehrfacher Hinsicht von der und für die Maräne. Nicht nur vom Verkauf des Fangs. Schon seit Jahren kümmert er sich um die Nachzucht dieses aus der Familie der Lachse stammenden Speisefisches, der als Besatz für Tagebaurestlöcher bestens geeignet ist. Im Winter sorgt Kagel durch die Zucht

Abendstille am Arendsee

des seltenen Speisefisches für dessen Verbreitung und liefert die Brut bis nach Schleswig-Holstein und Sachsen.

Die Maräne liebt klare, kalte und tiefe Seen. Im Arendsee findet sie ideale Lebensbedingungen, und deshalb sind Kagels Fischzüge meist so erfolgreich. Gemeinsam mit seinem jungen Angestellten, Fabian Stegner,

Gäste des Tages im Gartenlokal. Der Rad- und Wanderweg rund um den Arendsee führt ein Stück über das Grundstück der Familie. Das bringt viele Tageskunden und belebt das Geschäft. Später brät dann „dem Fischer siine Fru" die leckeren Maränen für die Gäste und die Familie.

legt er abends seine Spezialnetze und Reusen aus, um am Morgen danach die Ernte einzuholen.

Der Fang wird zum Teil geräuchert, zum Teil direkt und frisch verkauft. Die Maräne findet mehr und mehr Liebhaber. Doch möglichst viel in den Netzen zu haben, ist Fischer Kagel nicht wichtig. Niemals würde der Fischer mehr fangen, als er verarbeiten kann.

Der „Maränenhof am Arendsee" ist so noch immer, auch nach über zwanzig Jahren, beinah ein Geheimtipp, aber berühmt für selbstgefangene, frische Fische und geräucherte Leckerbissen. Alles findet reißenden Absatz. Noch mit der Wathose über der Jeans und der Schiffermütze auf dem Kopf begrüßt Kagel die ersten

lie. Auf rustikalen Bänken verspeist man glücklich Fisch und Kartoffelsalat. Direkt daneben öffnet Kagels Sohn Thomas einen alten Räucherofen. Nach und nach werden die kleinen Maränen sichtbar, goldgelb geräuchert. Fischer Kagel steht auf dem Bootssteg, umgeben von Schilf, und blickt ins klare Wasser. Einen Meter kann er bis auf den Grund schauen. Anderswo wären sie froh, wenn sie so ein Trinkwasser hätten. Er jedenfalls will frühestens aufhören, wenn er 93 ist.

Hier ein Rezept für eine einfache Zubereitungsart der kleinen Maränen. Nach der bekannten Säubern-Säuern-Salzen-Methode werden sie in viel Butter und mit Mandeln in der Pfanne gebraten.

(MDR)-Sendung **„Der Fischer vom Arendsee"** mit
Wilfried Kagel, Maränenhof am Arendsee

Gebratene Maränen

Zutaten für 4 Personen

4 kleine küchenfertige Maränen

1 Bio-Zitrone

Salz

1 Bund glatte Petersilie

125 g Butter

200 g Mandelblättchen

Maränen unter fließendem kaltem Wasser abspülen und mit Küchenkrepp trockentupfen. Mit Zitronensaft beträufeln und mit etwas Salz bestreuen. *20 Minuten* ziehen lassen.

Dann je 2 Stiele Petersilie in jede Maräne legen.

Butter in einer großen Pfanne zerlassen, Maränen hineingeben und von beiden Seiten goldbraun braten. Fische herausnehmen und auf einer vorgewärmten Platte warmstellen. Die Mandelblättchen in die gleiche Pfanne geben und in der Butter anrösten. Maränen wieder hineingeben und nochmal kurz mit den Mandeln erwärmen. Auf Teller legen, mit der Mandelbutter begießen und mit gehackter Petersilie bestreuen.

Rezeptverzeichnis

Adressen

Wir bedanken uns bei allen, die zum Gelingen dieses Buches beigetragen haben:

Sachsen

Roswitha Richter, Dresden

Antje und Frank Weber: „Cafe König" | Oberwiesenthal | Vierenstraße 4 | 09484 Oberwiesenthal
www.pension-cafe-koenig.de

Uwe und Birgit Schneider | 08297 Zwönitz

Dina und Jürgen Walther: „Ofenschenke Hutha"
Hutha 14 | 09526 Pfaffroda
Tel. 037360 36390 | www.landhotel-ofenschenke.de

Tilo Hilitzer: Rasthaus „Kalter Muff"
Am Kalten Muff 1 | 09488 Thermalbad Wiesenbad
Tel.: 03733 542346 | www.kalter-muff.de

Benno und Dorothee von Römer | Gut Neumark
Kirchplatz 5 | 08496 Neumark
Tel. 037600 56690 | www.gut-neumark.de

Ölmühle Dörnthal: Dörnthal 47 | 09526 Olbernhau
Tel. +49 37360 61 92 | www.oelmühle-doernthal.de

Daniel Fischer: Restaurant Daniel | Glucksstraße 3
01309 Dresden
www.restaurant-daniel.de

Anke Vogel, Köchin und Landwirtin | Ökodorf
Auterwitz

André Meyer | Berggasthof „Beckenbergbaude" Eibau
Beckenbergstraße 5 | 02739 Kottmar OT Eibau
Tel. 03586 387673 | www.beckenbergbaude.de

Jörg Marschall: KAFFEE KÖNIG | Kirchstr. 73
02953 Bad Muskau
Tel. 035771 60326 | www.kaffeekoenig.de

Bäckerei Füchsel: Holzweißigstraße 31
04860 Torgau
Tel. 03421 903203 | www.baeckerei-fuechsel.de

Udo Seidlitz, Fischereiingenieur | 04779 Wermsdorf

Peter und Bettina Steffen: „Zum Arabischen Coffe
Baum" | Kleine Fleischergasse 4 | 04109 Leipzig
Tel.: 0341 96 100 60/-61 | www.coffe-baum.de

Peter Dorndorf: „Brühbar" | Weißenfelser Str. 24
04229 Leipzig
Tel.: 0341 2238707 | www.bruehbar.de

Thüringen

Michael Städtler: Gasthof „Zum braunen Roß"
Am Frauenbrunnen 9 | 98617 Meiningen
Tel.: 03693 508635
www.zum-braunen-ross-bauerbach.de

Schiller-Museum Bauerbach | Tel. 036945 50 301
schillerverein.bauerbach@gmail.com

Brigitte Milewski: „Gaststätte Alter Fritz"
Erholungsstr. 2 | 96515 Sonneberg
Tel. 03675 743264 | www.alterfritzsonneberg.de

Heiko Möllerhenn: Landgasthof „Zur Guten Quelle"
Hauptstr. 7 | 98634 Kaltensundheim
Tel. 03694 63850 | www.gute-quelle.de

Birgit Schulz: Kleinkrossen 17 B bei Uhlstädt
Tel. 03674 262369

Mühlenwirt Karsten Scheit: Mühlengaststätte in der
Senfmühle | Kleinhettstedt 44 | 99326 Ilmtal
www.zummuehlenwirt.de

Theo Stern im Gasthaus „Zum weißen Schwan"
Frauentorstr. 23 | 99423 Weimar

Barbara Kösling / Kahla / Christian Hill | Neuengönna

André Frank: Landhaus Frank „Zum Nachbarn"
Eisenacher Landstraße 34 | 99974 Mühlhausen
Tel. 03601 81 25 13 | www.landhaus-frank.de

Hella Brand: 99955 Kutzleben

André Schakaleski: Markt- und Reisegastronomie
Lohsenstr. 5 | 04626 Schmölln
Tel. 034491 81500 | andre.schakaleski @gmx.de

Sachsen-Anhalt

Manfred Schmidt: ehemaliges Gartenlokal
„Blütengrund" | 06618 Naumburg/Großjena

Ruth Schwarzer: Ingenieurpädagogin für Gartenbau
Köchin | 39624 Kalbe/Milde
Tel. 039080 129045 | pflanzenexperte@gmx.de

Hannelore Scheibner: Restaurant und Pension „Zum
Rüdesheimer" | Friedrich-Ebert-Straße 48
06366 Köthen | Tel./Fax: +49 (0) 03496 213026
www.zumruedesheimer.de

Dorlis und Ulrich Große: „Landgasthaus Große"
Staßfurter Str. 60 | 39444 Hecklingen
Tel. 03925 284918 | www.landgasthausgrosse.de

Jürgen Kurkiewicz: Heinrich Heine Weg 1
38875 Elend/Harz | www.kukki.de

Thomas Jerusel und Markus Wicht:
„Gartenhaus Jerusel" | 06543 Falkenstein/Harz
Tel. 034743 8174
www.ritteressen-burg-falkenstein.de/pension-gartenhaus/

Helmut Reise: Wippraer Wildspezialitäten
Poststr. 31 | 06526 Sangerhausen/OT Wippra
Tel. 034775 20246

Ulrich Kulawik: Fischerhof am Kernersee
Am Kernersee 3 | 06317 Seegebiet Mansfelder Land
www.kernersee.de

Renate Walter: „Landgasthof Lostau"
Möserstraße 27 | 39291 Lostau
Tel. 039222 901-0 | www.landgasthof-lostau.de

Marie Völcke: „Völckes Hofladen"
Blankenburger Str. 6 | 39118 Magdeburg
Tel. 0391 6200630 / 0174 9377029
www.voelckes-hofladen.de

Petra Schleusner: Ausspanne „Zur Alten Schmiede"
Altes Dorf 38-39 | 39576 Stendal
Tel. 03931 213479
www.ausspanne-zur-alten-schmiede.de

Erika Kamieth: Landhotel „Winterfelder Hof"
38486 Apenburg-Winterfeld
Tel. 03900 9902 | www.winterfelder-hof.de

Bettina Hennig: Bäckerei Hennig
St.-Georg-Straße 87 | 29410 Salzwedel
Tel. 03901 323 06 | www.baumkuchen-salzwedel.de

Wilfried Kagel: Maränenhof | 39619 Arendsee (Altmark)

Bildnachweis

Lutz Abitzsch (S. 56, 57, 58) | Uwe Bender (S. 2, 3, 4, 7, 8, 13, 29, 33, 41, 47, 55, 63, 64, 65, 69, 73, 77, 85, 93, 101, 107, 131, 143) | Colourbox.de (Titel: Himmel und rechtsseitige Motive, S. 2, 3, 16, 17, 18, 24, 31, 37, 88, 98, 111, 126) | Peter Dorndorf (S. 61) | Fotolia.com (victoria p.: Titel links oben, S. 4, 153; juephraphoto: Titel links Mitte, S. 115; Mattoff: Titel, S. 4; animaflora: S. 2, 15 rechts, 23, 27, 103, 104; Kartoxjm: S. 6; Michael Eichler: S. 11; silencefoto: S 21; scimmery1: S 45; stechum: S. 53; mirkoni: S. 59; Anett Seidler: S. 87; ArTO: S. 91 links, S. 106, 149; ArtHdesign: S. 91 rechts; Henry Czauderna: S. 95; StefanieB: S. 123; Christin: S. 135; exclusive-design: S. 138 links; jed1k: S. 138) | André Frank (S. 97) | Dr. Lutz Gebhardt (S. 64 l. o.) | E. Kamieth (S. 128) | Jens Kirschschäger (S. 35) | Christian Kulawik (S. 141) | Jörg Marschall (S. 48, 50) / MDR (Alexander Zimmeck: S. 38, 79, 119, 120, 136, 146) | M. Milewski (S. 71) | H. Möllerhenn (S. 75) | D. von Römer (S. 26) | Ruth Schwarzer (S. 113) | Verlagsarchiv (S. 34, 80, 109, 121, 150) | Christian Völcke (S. 145) | Jürgen Walther (S. 19)

ISBN 978-3-89798-534-6

© 2018 Mitteldeutscher Rundfunk (MDR), Lizenz durch
TELEPOOL GmbH – Alle Rechte vorbehalten
© BuchVerlag für die Frau GmbH, Leipzig 2018
Covergestaltung und Layout: Uta Wolf, Quedlinburg
Bildnachweis: siehe oben
Druck und Bindung: Print Consult GmbH

www.buchverlag-fuer-die-frau.de